Durchfall in Zabern. Eine Militärdemontage. Angerichtet 1913 von je einem Sergeanten, Leutnant, Oberst, General und Kriegsminister auf der einen, vielen Zaberner Kindern auf der anderen Seite. Bereichert von Erich Mühsam, Joseph Roth, W. I. Lenin, René Schickele, Carl von Ossietzky und diversen Journalisten. Eingerichtet 1982 von Rainer Nitsche und Gudrun Fröba.

D1735890

Copyright 1982 by : TRANSIT Buchverlag, Gneisenaustr.2, 1 Berlin 61. Umschlagentwurf ursula v. ristok. Layout R-R-R. Lithos Rink. Gesetzt in Univers. Druck Fuldaer VA. ISBN 3-88747-010-9.
: TRANSIT

Leutnant v. Forstner erschien mit einer Eskorte bewaffneter Soldaten, die ihn ins Restaurant, in den Tabakladen und zum Schokoladenhändler begleitete. Die Jungen riefen ihm «Bettschisser» nach und rannten davon. (Photo 1913, Robert Weil)

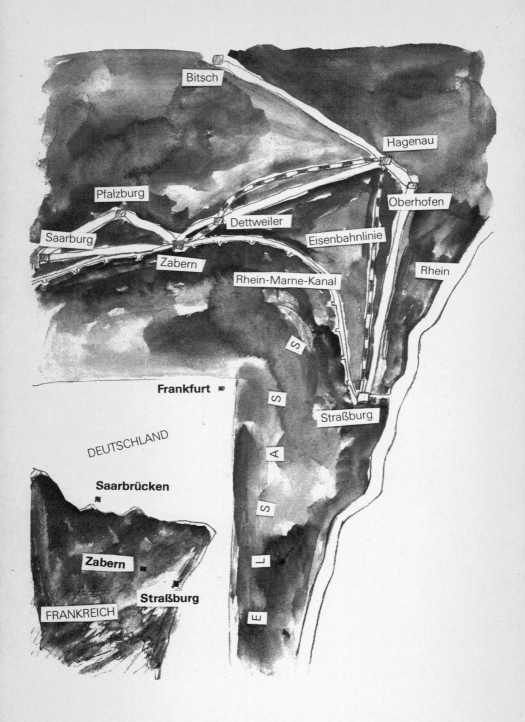

Bitsch

Hagenau

Pfalzburg

Oberhofen

Saarburg

Dettweiler

Eisenbahnlinie

Zabern

Rhein

Rhein-Marne-Kanal

E
L
S
A
S
S

Frankfurt

Straßburg

DEUTSCHLAND

Saarbrücken

Zabern

Straßburg

FRANKREICH

Erich Mühsam. Der bunte Rock. Als der zwanzigjährige Leutnant von Forstner (Zabern, 99. Infanterie-Regiment) im Manöver sein Bett vollmachte, ahnte er schwerlich, daß aus der Selbsthilfe seines bedrängten Leibes ein Lärm und Gestank erwachsen werde, der von der stillen Lagerstätte des Landesverteidigers seinen Weg über Zabern und den Elsaß durch ganz Deutschland, Europa und die zeitungslesende Erde nehmen werde, und von dessen Erschütterung Regierungssitze und Kanzlerstühle ins Wanken geraten würden. Aber es ist so gekommen, und wir haben nun in aller Buchstäblichkeit die Illustration zu der Hyperbel, daß die Winde eines preußischen Leutnants als weltbewegende Stürme um die Fundamente von Recht, Gesetz und Ordnung brausen.

Der Fall ist zu lehrreich, für die Beurteilung der in Deutschland geltenden Auffassung von der Heiligkeit des bunten Rockes zu bedeutungsvoll, als daß man ihn nicht noch einmal in seinem ganzen erstaunlichen Verlauf darstellen sollte. Also der Leutnant von Forstner hatte Malheur im Bett. Vielleicht hatte er abends zuviel getrunken, vielleicht hatte eine unruhige Auster in seinem Magen den Grabesfrieden nicht finden können, kurzum, er —, kurzum, ihm passierte etwas, was er diskret zu verbergen wohl nicht in der Verfassung war, kurzum: die Sache kam auf und sprach sich herum. Fröhlich kichernd gab einer dem anderen das Wort Bettschisser weiter, und unser Leutnant hatte seinen Spitznamen weg. Der Einfall, daß sich vielleicht eine Versetzung in ein anderes Regiment empfohlen hätte, kam Herrn von Forstner und seinen Vorgesetzten nicht in den Sinn. Vielmehr glaubte der junge Offizier, die verminderte Respektabilität durch erhöhte Schneidigkeit wettmachen zu müssen. Die Instruktionsstunde der zwar schon uniformierten, aber noch uninformierten Rekruten gab dazu erwünschte Gelegenheit. Hier konnte sich der forsche Jüngling an der Kakophonie des Ausdruckes «Wackes» weiden, das der in schrankenlosem Machtbewußtsein geblähte Preuße den wehrlosen Elsässern möglichst oft an den Kopf warf. Wackes bedeutet im Elsaß so etwas wie Strolch, Zuhälter, Mistkerl, was man in Bayern Luki, in Sachsen Lumich, in Nordwestdeutschland Butjer, in Ostpreußen Lorbaß und in Berlin 'ne dufte Nummer nennt. Herrn von Forstners Rekruten mußten also antreten und erklären: «Ich bin ein Wackes!» Wenn der Leutnant das hörte, freute er sich, und er lebte seine Phantasie nach jeder Richtung aus, indem er die armen Teufel auch noch gegen die Wackes außerhalb der Kaserne scharfmachte und eine Prämie von zehn Mark demjenigen zusicherte, der einen Wackes totsteche. Ein diensteifriger Sergeant gelobte seinerseits, noch einen Taler draufzulegen. Ferner empfahl Herr von Forstner den Leuten, auf die französische Fahne zu scheißen, als für welche er in jenem Manövertraum sein Bettlaken gehalten haben mochte.

7

Solcherart waren die Belehrungen, die die neu eingestellten Soldaten als erste Eindrücke ihrer jungen Würde zum Besuch bei Vater und Mutter mitnahmen, als allererste Eindrücke: denn die eigentlichen offiziellen Verhaltungslehren hatten sie noch nicht gehört, nicht einmal die, daß sie — eine, wie man sieht, vorsichtige Bestimmung —, über alle Interna des Kasernenlebens draußen zu schweigen haben. Sie schwiegen aber nicht. Sie schwiegen schon aus Angst um das Leben ihrer Angehörigen nicht. Denn sie hatten erfahren, daß sie in den Augen des Vorgesetzten Wackes seien — sie hatten sich ja selbst so melden müssen —, mußten also schließen, daß auch ihre Angehörigen Wackes seien, und wußten, daß die Erstechung eines Wackes als verdienstvolle Tat angesehen würde. Wer garantierte ihnen, ob nicht ein nach den Knöpfen strebender Kamerad, der auch den Wert von dreizehn Mark zu schätzen wüßte, ihren Vater, ihren Bruder, ihren Freund als Objekt seiner Tapferkeit aussehen möchte? Sie erzählten also, was der Herr Leutnant sie gelehrt hatte. Kein Wunder, daß sich die Angelegenheit herumsprach und daß sich Zabern beunruhigt fühlte. Die Zaberner scheinen friedliche Leute zu sein. Sie haben erst später erfahren, daß sich auf Beunruhigungen, auch wenn sie sehr geringfügig sind, recht blutig reagieren läßt. Sie selbst begnügten sich damit, zu schimpfen, sich in aufgeregten Gruppen zusammenzustellen, und wenn der Herr von Forstner vorbei kam, dann fiel auch wohl aus Kindermund das Wort Bettschisser.

Damit war der Fall publik geworden und begann gleicherweise die dem Leutnant von Forstner vorgesetzte Militärbehörde wie die um ihre Lebenssicherheit besorgte Bevölkerung des Elsaß zu beschäftigen. Der Regimentskommandeur von Zabern, Herr Oberst von Reuter, wandte sich an den in Straßburg residierenden General von Deimling, den hurrafrohen Hererobezwinger und Franzosenfresser, — und der, der das Land, in dem er lebt, als Feindesland zu betrachten scheint, gab den Befehl: Bloß nichts gefallen lassen! Das Pulver trocken, das Schwert geschliffen! Die Spitzen der Bajonette — etc. in bekannter Melodie. Die anderen mobilisierten Presse und Reichstag.

Am Königsplatz in Berlin gab es nun eine «kurze Anfrage», und der neue Kriegsminister, Herr v. Falkenhayn, beantwortete sie mit jener preußischen Schneidigkeit, die uns von jeher verpflichtet hat, beim Anblick einer Offiziersuniform die elende Jammerbarkeit unseres Zivilistendaseins einzusehen und in des Königs Rock alle Weisheit und alles Schicksal des Weltgeschehens eingenäht zu wissen. Er entschuldigte den Leutnant von Forstner mit seiner goldenen Jugend (jeunesse dorée). Die gleichalterigen Rekruten, die roh beschimpft und deren Angehörige und Landsleute bedroht waren, wurden hingegen nicht entschuldigt. Ihnen wurde

8

vielmehr strenge Bestrafung in Aussicht gestellt, weil sie — ohne noch von ihrer Schweigepflicht unterrichtet zu sein — von dem gesprochen hatten, was erst durch Publizität bedenklich schien. Der Kriegsminister ließ keinen Zweifel darüber entstehen, daß ihn nicht die Verfehlungen des Offiziers, sondern nur ihr Bekanntwerden ärgerte. Er war offenbar der Meinung, daß es die Zaberner Wackes nicht das Mindeste angehe, ob sie erstochen würden oder nicht.

Am gleichen Tag, an dem der Chef der Armee sich also schützend vor seine forschen Westmarkkolonisatoren stellte, ging Herr von Forstner in Zabern Schokolade einkaufen. Sein besorgter Oberst hatte ihn zu diesem Zwecke von vier Soldaten eskortieren lassen (ob es Wackes waren, ist nicht bekannt geworden), die sich mit aufgepflanztem Bajonett vor den Konfitürenladen aufpostieren mußten. Andere Leutnants spazierten in ebensolcher Begleitung durch die Stadt. Dies geschah, wie sich herausstellte, um den Einwohnern des Elsaß etwa noch vorhandene Reste ihres gallischen Humors auszutreiben. Denn als man im Publikum lachte, ging das Militär zu Arretierungen über, sintemalen der Regimentskommandeur davon überzeugt war, daß Verhaftungen von Soldaten vorgenommen werden müssen, sobald die Polizei den Grund dazu nicht finden kann. Vielleicht lag ihm auch daran, seine Kerls für den Kriegsfall im Gefangennehmen auszubilden.

Das Zaberner Straßenbild muß einen recht angenehmen Eindruck gemacht haben. Ein Rudel Leutnants geht spazieren, darunter Herr von Forstner. Spielende Kinder bemerken ihn und eins ruft «Bettschisser». Das Rudel Leutnants zieht die Plempen und jagt hinter den Kindern her, — ein wahrhaft kriegerischer Anblick. Fortbildungsschüler verlassen ihr Institut. Sie amüsieren sich über den heldenhaften Aufzug der bajonettgeschützten Säbelrassler. Da erscheinen auf der Bildfläche 50 Mann Füsiliere stellen sich in zwei Gliedern auf, das vordere kniet nieder, die Leute legen auf die Schüler an, und unter Trommelwirbel ertönt die Aufforderung, sich zu zerstreuen. Wer nicht sofort verschwindet, wird festgenommen — im ganzen 27 Personen, darunter zwei Landgerichtsräte und ein Staatsanwalt, die gerade einen Übeltäter gegen die bürgerliche Ordnung verknallt haben.

Die Verhafteten werden im ausgeräumten Kohlenverlies der Regimentskaserne, dem sogenannten Pandurenkeller, untergebracht, einem stinkenden, dunklen Loch, von dessen Bestimmung zur Menschenbehausung sein Erbauer sich nichts hätte träumen lassen. Es fehlte alles, was den Aufenthalt hätte möglich machen können. Selbst die Tätigkeit, zu der dem beleidigten Leutnant im Manöver ein Bett zur Verfügung stand, mußte in aller Gegenwart in einer Ecke des Lokales vollzogen werden.

9

Hier wurden die Sünder eine ganze Nacht hindurch festgehalten. Leider hatte man die Juristen vorher freigelassen. Gerade für sie, denen das Verhängen von Freiheitsstrafen Lebensberuf ist, wäre die Erfahrung am eigenen Leibe vielleicht sehr nützlich gewesen. Ich habe schon früher einmal angeregt, daß jeder Staatsanwalt und jeder Richter, ehe ihm sein Amt übertragen wird, ein Jahr Zuchthaus absitzen sollte, damit er weiß, was er tut, wenn er andere Leute verurteilt.

Die kollerig gewordene Soldateska hatte damit noch nicht ausgetobt. Sie setzte ihre Jagd auf lachende Kinder fort, drang in Häuser ein, verhaftete einen neunjährigen Jungen und ein vierzehnjähriges Mädchen, und der erste Held, Herr von Forstner, schlug bei einer Säbelattacke auf spielende Kinder in einem benachbarten Dorfe einem lahmen Schustergesellen eine tiefe Wunde in den Kopf.

Mit Erstaunen und mit Grauen vernahm man im ganzen Lande und weit darüber hinaus von den Zaberner Wundertaten. Obwohl Zabern eine der wenigen altdeutschen Städte des Elsaß ist, mußte — besonders in Frankreich — der Verdacht platzgreifen, daß es sich um beabsichtigte Provokationen des französischen Volkes handle, zumal der Krach in unmittelbarem Anschluß an freche Beschimpfungen der Fremdenlegion und der französischen Fahne erfolgte, und der Oberst von Reuter ausdrücklich öffentlich erklärte, daß er auf höheren Befehl handle, und zumal alle Bemühungen der Zivilbehörde, Ruhe und Sicherheit zu schaffen, an der gegen Krüppel und Kinder entfesselten Heldenhaftigkeit des bunten Rockes scheiterte. Die simpelste Psychologie macht es ja begreiflich, wenn alte Militärs wie jener kampfbegierige General von Deimling nach 43 Friedensjahren allmählich zur Erkenntnis ihrer eigenen Überflüssigkeit kommen und jetzt, wo eben die Machtstärke der Armee dank dem Entgegenkommen des Reichstags gewaltig erhöht ist, jede Gelegenheit — und sei es nur der auf Tatsachen gegründete Spitzname Bettschisser — willkommen heißen, um den Nationalstolz des «Erbfeindes» zu verletzen. Dazu daß das wütende Hineinprügeln in die elsässische Bevölkerung nur dazu taugt, in den nachgerade an die preußischen Naturalisationsmethoden gewöhnten und in ihr Schicksal ergebenen Grenzbewohner die Sehnsucht nach der Franzosenzeit mit einem Schlage wieder lichterloh anzuflammen, hat die Einsicht der reichsländischen Patrioteska nicht ausgereicht.

Natürlich ging es nach den anmutigen Vorfällen im Reichstag hoch her. Außer den Sinnes- und Stammesverwandten der Deimling, Reuter und Forstner waren die Volksvertreter alle einig in der strengsten Verurteilung der Ereignisse und des in ihnen zutage getretenen Systems. Besonders fand der Zentrumsabgeordnete Fehrenbach so energische und klare

10

Worte, wie man sie in deutschen Parlamenten überaus selten hört. Anders die Regierungsvertreter. Herr von Bethmann-Hollweg, des Eisernen Kanzlers lederner Nachfolger, stümperte eine Rede zusammen, in der Gesetzesübertretungen des Militärs zugegeben, aber mit dem Verhalten des Zivils entschuldigt wurden. Der Sinn des Gestammels war der, daß in Deutschland das Volk zu kuschen hat, wenn ein Leutnant kommandiert, und daß die Gesetze des Landes ohne Wirkung sind, wenn ein Oberst sie als schlecht befindet. Deutlicher, schneidiger, unverhüllter gab dann Herr von Falkenhayn der gleichen Meinung Ausdruck, wobei er es an Entrüstung über die Zaberner und ihre Presse nicht fehlen ließ. Wer sich Beschimpfungen und Bedrohungen von Offizieren nicht gefallen läßt, der beschmutzt des Königs Rock. Des Königs Rock aber darf nicht beschmutzt werden (über die Behandlung von Betten verlautbarte nichts). Wenn man jedoch nicht will, daß das Militär die Bürger von der Straße weg in den Pandurenkeller schleppt, dann müsse man gewärtig sein, daß einem ein Leutnantsdegen in den Leib gerannt wird.
Unsere guten Parlamentarier haben sich über die beiden Regierungsreden höchlich aufgeregt. Ja, sie haben sich dazu aufgeschwungen, dem Reichskanzler mit riesiger Mehrheit ihr Mißtrauen zu votieren. Das ist nicht viel, zeugt aber von bravem Willen. Erreicht wird damit gar nichts. Denn zu gleicher Zeit, wo auf Grund einer Parlamentsabstimmung in Paris der Ministerpräsident Barthou von der Bildfläche abtrat, tat der lange Theobald im deutschen Reichstag einen Ausspruch, der ihn zum erstenmal nicht von aller Staatsklugheit verlassen scheinen ließ. Er erklärte, den Ernst der Stunde nicht darin zu erkennen, daß ihm der Reichstag seine Mißbilligung ausspreche, und zeigte sich damit für seine Person der prekären Situation praktisch durchaus gewachsen. Wenn es jetzt heißt, die Stellung des Kanzlers sei trotzdem erschüttert, ja, wenn sogar Beschwichtigungserklärungen ergehen, wonach Herr von Bethmann nicht gesagt habe, was er hätte sagen wollen, und Herr von Falkenhayn gesagt hat, was er nicht hätte sagen wollen, so mögen sich die Reichsboten auch darauf nicht zuviel einbilden. Das sind Stimmungsreaktionen, die nicht am Königsplatze, sondern in Donaueschingen ihren Ursprung haben. Über Beschlüsse des Reichstags, der erst vor ein paar Wochen der jetzt so hart befehdeten Armee die haarsträubendste Bereicherung zugebilligt hat, die je ein Volk für sein Heer hat aufbringen müssen, stolpern bei uns keine Minister. Kommt in sechs Wochen — vielleicht veranlaßt durch eine Volkserregung in Frankreich wegen der Zaberner Skandale — eine neue derartige Forderung, dann ist alles vergeben und vergessen, und der Reichstag hilft von neuem die Blutschraube fester drehen.
Wird das Parlament die Konsequenz aus seinem Verhalten ziehen? Wird

11

die Empörung gegen die Überhebung des bunten Rockes solange vorhalten, bis das Reichsbudget zur Bewilligung steht? Werden die Herren dem aufsässigen Kanzler sein Gehalt, dem Kriegsminister den Heeresetat verweigern? Werden die Sozialdemokraten den angedrohten Proteststreik in Elsaß-Lothringen durchführen? Oder werden sie sich damit begnügen, Massenversammlungen zur Annahme von Resolutionen zu kommandieren, um die kein Mensch sich kümmert? Wir wollen es abwarten, ohne uns Hoffnungen zu machen. Bis jetzt sind in Deutschland großen Worten noch niemals große Taten gefolgt.

Das aber liegt daran, daß wir uns entwöhnt haben, in betrübenden Einzelerscheinungen Symptome eines unmöglichen Systems zu erkennen. Es ist nicht wichtig, ob ein zwanzigjähriger Leutnant in der Instruktionsstunde dummes Zeug daherredet. Wichtig ist, daß das dumme Zeug sakrosankt wird, sobald es ein Leutnant gesagt hat. Wichtig ist, daß man einem dreiviertelwüchsigen Jüngling eine scharfgeschliffene Waffe umhängt und ihn durch patriotische Phrasen in den Glauben versetzt, er sei eine geweihte Persönlichkeit, ein höherwertiger Mensch, der vor dem Leben der misera plebs keinen Respekt zu haben braucht. Bedenklich und gefährlich ist die Rolle, die man den bunten Rock in unserem gesellschaftlichen Leben spielen läßt. Verhängnisvoll ist, daß durch die Bevorrechtung des Militärs die Begeisterung für den Krieg gefördert wird. (In: Kain, Zeitschrift für Menschlichkeit, Dezember 1913)

Sergean Höflich. Ein sonniger Vormittag. Mitte Oktober rückten die neuen Rekruten ein. Es waren wie immer meistens Rheinländer. Mit ihnen kam auch wieder ein Trupp elsässischer Freiwilliger.

Ich führte als dienstältester Sergeant die erste Rekrutenabteilung. Schon das Jahr vorher hatte ich unter Leutnant von Forstner Rekruten ausgebildet und in seinem Zuge Dienst getan.

Da kam der 28. Oktober 1913 (Dienstag) heran. Der Tag des Verhängnisses und des Unheils.

Wir übten an diesem sonnigen Vormittage mit unseren Rekruten auf dem kleinen Exerzierplatz, der an der Chaussee Zabern—Steinburg, dicht an den Schießständen lag.

Mein Dienst auf dem Schießstand war bald zu Ende, und ich gab dem Gefreiten ein Zeichen, die Abteilung wieder antreten und formieren zu lassen.

Einer der jungen Vaterlandsverteidiger hatte sich auf eines anderen Platz gestellt und brachte dadurch Unordnung in die Abteilung. Gedränge und Gestoße waren die natürlichen Folgen. Plötzlich — ich hatte mich inzwi-

12

schen der Abteilung bis auf einige Schritte genähert — flog etwas vor die Front und trudelte in den Sand. Es war jener Soldat, der seinen ‹Stand› vergessen hatte. Wir hätten gern alle aus Herzenslust gelacht, aber erstens war das im Dienste nicht gestattet, und zweitens durfte ich auf keinen Fall dulden, daß ein Kamerad dem anderen in dieser Weise ‹behilflich› sein wollte. Ich machte also ein dienstliches Gesicht und fragte nach dem ‹Boxer›. Da er sich nicht sofort meldete, fragte ich etwas energischer zum zweiten Male. Da meldete sich Musketier E.

Ich hob mir meine Strafpredigt auf und rückte mit meinen Leuten wieder zum Exerzierplatz ab. Nachdem ich mich beim Leutnant zurückgemeldet hatte, begann ich der Abteilung einen kleinen allgemeinen Vortrag zu halten. Im besonderen wies ich darauf hin, daß sich ein Soldat überhaupt nicht herumschlägt und prügelt, sondern stets gut tut, Schlägereien aus dem Wege zu gehen. Das wird ihm durchaus nicht als Feigheit angerechnet. Eine Ausnahme machen aber zwei Fälle, in denen ein Soldat sich tüchtig herumschlagen darf. Das ist: die eigene Notwehr und die Unterstützung von Kameraden, die in Gefahr sind. Auf keinen Fall darf sich ein Soldat schlagen lassen. Kann er einen Angriff nicht anders abwehren, so hat er das gute Recht, von seiner Waffe Gebrauch zu machen. Im zweiten Falle ist es Pflicht und Gebot der Kameradschaft, einem bedrängten Kameraden beizustehen.

Ich wandte mich darauf an den Boxer persönlich, von dem ich wußte, daß er wegen Raufereien, Körperverletzungen und Waffentragens schon vorbestraft war, und warnte ihn vor Ausschreitungen ähnlicher Art. Aus eigenen, früheren Erfahrungen wies ich ihn darauf hin, daß er in Zabern leicht zu Händeln kommen könne und sagte ihm wörtlich:

«Hüten Sie sich vor Schlägereien, sie bringen nichts Gutes ein. Fangen Sie mit niemandem Streit an und greifen Sie niemanden an. Sollten Sie aber einmal angegriffen werden, dann dürfen Sie von Ihrer Waffe Gebrauch machen, und sollte es notwendig sein — dann schlagen Sie zu, daß die Funken sprühen. Es wird Ihnen niemand einen Vorwurf machen.»

Während dieser Belehrung war Leutnant von Forstner zur Abteilung getreten und sagte folgendes:

«Was Sergeant Höflich euch eben gesagt hat, unterschreibe ich. Ich bitte mir aus, daß sich keiner von euch verprügeln läßt, sondern sich kräftig seiner Haut wehrt, falls er einmal angegriffen wird. Wenn ihr dabei einen solchen ‹Wackes› über den Haufen stecht, schadet das auch nichts, ich gebe euch dann noch 10 Mark Belohnung!»

Im Eifer des Dienstes — allerdings gegen jede Disziplin und Subordination — setzte ich hinzu:

«Und von mir noch 3 Mark dazu!»

13

Das Wort war gefallen! Ahnungslos war der Funke in ein Pulverfass geschleudert.

Das Exerzieren nahm seinen Fortgang und mit fröhlichem Gesange ging es wieder in die Stadt und in die Kaserne. (Sergeant Wilhelm Höflich, «Affaire Zabern», Mitgeteilt von einem der beiden Missetäter, Berlin 1931, S.64ff)

Der neueste Fall. Der Chauvinismus im Heere hat schon des öfteren zu berechtigten Klagen und energischen Protesten Anlaß gegeben. Es ist mehr wie bedauerlich, daß in den Zeitungen eine ständige Rubrik gefüllt wird mit Fällen, in denen Leute ihren blinden Haß gegen alles Elsässische bei den unpassendsten Gelegenheiten mit den unpassendsten Worten zum Ausdruck bringen, sodaß man sich fast fragen muß, ob solche Menschen überhaupt eine Bildungsstufe erreicht haben, von der sie die Tragweite ihrer Handlungen überschauen können.

Zabern hat dieser Tage auch seinen Fall erlebt, der in Zivil- und Militärkreisen lebhaft erörtert wurde. Ein Leutnant des II. Bt. I-R. 99 soll seinem chauvinistischen Herzen auf folgende Art Luft gemacht haben. Als bei der Instruktion von Rekruten das mit 2 Monaten belastete Strafkonto eines preußischen Messerhelden verlesen wurde, bemerkte fraglicher Leutnant:

«Wenn Du einen ‹Elsässer-Wackes› zusammenstichst, erhälst Du keine 2 Monate, für jeden dieser Dreckwackes, den Du mir bringst, erhältst Du 10 Mark.»

«Und von mir noch einen Taler dazu», ergänzte prompt der anwesende Herr Unteroffizier.

Es steht genau fest, daß fraglicher Leutnant der Freiherr von Forstner ist und sein im Verhältnis von 3 : 10 zu ihm stehender Geistesbruder der Sergeant Höflich. Die Affäre spielte sich bei der ‹Instruktion› der Rekruten der 5. Kompanie ab. (Zaberner Anzeiger, 6. und 8. November 1913)

Sergeant Höflich. Am Familientisch. Am Abend saß ich, wie üblich, am Familientisch der Elsässerin, als die Zeitung gebracht wurde. Es war der Zaberner Anzeiger. Wir griffen jeder nach einem Blatt und vertieften uns in den Inhalt. Plötzlich hielt mir meine Freundin das Hauptblatt vor die Augen mit den Worten:

«Das warst du!» ——

Ich nahm das Blatt und glaubte meinen Augen nicht trauen zu dürfen. Mit großen, fetten Buchstaben stand in der Mitte des Blattes:

14

«Der neueste Fall.»
«Das wird bös!» hatte die Elsässerin gesagt. Wird sie auch damit recht behalten? ——
Ja, was sollte denn bös werden? Was hatten wir denn eigentlich verschuldet? Weshalb war dieses Mädel so ernst? Wie und weshalb kam denn so etwas überhaupt in die Zeitung? Alle diese bangen Fragen versuchte ich mir schon auf dem Heimwege zu beantworten. (Höflich, Affaire Zabern, S. 80 ff)

Die vox populi. Auf dem Wege zur Wohnung des Leutnants von Forstner entstand gestern Nacht ein großer Menschenauflauf. Der Leutnant mußte auf Umwegen in seine Wohnung zurückkehren. Die Menge gab vor der Wohnung des Leutnants ihrem Unwillen lauten Ausdruck und drohte ihm die Läden einzuschlagen. (Zaberner Anzeiger, 8. 11. 1913)

Sergeant Höflich. Wie ich meine Elsässerin kennenlernte. An einem Sonntage im Mai wurde ich mit zwei Gefreiten zur Straßenpatrouille kommandiert. Es war dies ein militärischer Polizeidienst, der an sich recht langweilig war. Um die Zeit herumzubringen, machte ich mit meinen beiden Gefreiten einen längeren Weg auf der Chaussee nach Lützelburg. Da schallte uns plötzlich aus jungen Mädchenkehlen der Gesang der ‹Marseillaise› entgegen. Fünf oder sechs junge Elsässerinnen kamen uns entgegen. Um uns einen Spaß zu machen, sagte ich den Gefreiten, daß wir die Mädchen ihres französischen Singsangs wegen anhalten wollten. Als wir uns gegenüberstanden, rief ich der Schar ein kurzes «Halt!» zu. Mit strengem Gesichtsausdrucke fragte ich, wie sie dazu kämen, in Deutschland das französische Nationallied zu singen. Ein schlankes, schwarzhaariges Mädchen antwortete mir mit funkelnden Augen: «Wir sind Elsässer und können singen, was wir wollen!»
Ich war im ersten Moment durch den Blick des jungen Mädchens und durch ihre schlagfertige Antwort verblüfft und entwaffnet. Zwar versuchte ich nochmals darauf hinzuweisen, daß es doch geziemender wäre, das Deutschlandlied oder andere schöne Lieder zu singen. Da brachen sie in ein schallendes Gelächter aus, liefen fort und sangen vergnügt ihre ‹Marseillaise› weiter.
Einige Tage später ging ich mit einem Kameraden auf derselben Chaussee spazieren. Da begegneten uns zwei junge Mädchen, von denen eine meinem Kameraden schon bekannt war. Wir grüßten und kamen ins Gespräch. Im Laufe des Gesprächs fragte mich eine der jungen Damen, ob

15

ich am letzten Sonntage Straßenpatrouille gehabt hätte. Nachdem ich bejaht hatte, lächelte sie mich verschmitzt an und fragte mich, weshalb ich denn die ‹Marseillaise› nicht leiden könnte. Ich erinnerte mich sofort der kleinen Episode vom letzten Sonntage und sah mir das Mädchen genauer an. Jetzt erkannte ich in ihr die Wortführerin der Sängerinnen. (Höflich, Affaire Zabern, S. 77 ff)

"... Der Unteroffizier, der Höflich, hatte ein Verhältnis — ich weiß nicht, wie lange es ging — mit der Lina, die neben uns gewohnt hatte, deren Vater Briefbote geworden war, und die wohnten am Kanalstadel im 2. Stock. Als er nach dem Bekanntwerden der Sache wieder hinkam zu der Lina, da waren ihre beiden Brüder da, die haben ihn in Empfang genommen und ihn die Treppe runtergeschmissen, daß er nicht mehr kam. Die Lina hat später geheiratet; das letzte Mal hab ich sie vor etwa 10 Jahren gesehen, bei einem Fest, da sah sie noch sehr gut aus. Inzwischen ist sie gestorben, sie war ja älter als ich ..." (Joseph D. Heyl, im Juli 1982)

Bettschiß, 1. Version: Der Leutnant Freiherr von Forstner, frisch von der Kadettenschule in das Zaberner Infanterie-Regiment 99 entlassen, war im Manöver in Hatten dem von seinem Quartierwirt reichlich gespendeten Elsässer Wein zum Opfer gefallen und hatte im Rausch sein Bett verunreinigt, wie sonst nur Säuglinge mit ihren Windeln tun. Nur war das bei dem immerhin schon etwas erwachsenen Leutnant quantitativ nicht so leicht zu nehmen und menschlich nicht so entschuldbar. Das Dienstmädchen des Quartierhauses, dem die peinliche Wäsche der Leintücher zufiel und dem der verkaterte Leutnant beim Abschied nicht einmal durch ein Trinkgeld die Arbeit angenehmer gemacht hatte, stammte aus Zabern, hatte die Regimentsnummer natürlich sofort erkannt und ließ ihr Plappermaul nach Herzenslust spazierengehen. Im Herbst ist alljährlich ‹Messti› in Zabern. Es fügte sich, daß kurz vor diesem Volksfest das Regiment 99 wieder in seine Garnison eingerückt war und daß Offiziere und Soldaten sich in den heitern Betrieb des Volksfestes mischten.
Zum ‹Messti› hatte sich, wie für ein Zaberner Kind selbstverständlich, auch die Dienstmagd einen Urlaub nach Hause erwirkt, und als sie nun ‹ihres› unvergeßlichen Leutnants wieder ansichtig wurde, hat sie halt ihre Geschichte jedem, der sie hören wollte, in saftigsten Mundartstönen zum Besten gegeben. Weil ‹Messti› war, hörten die Geschichte alle, die da tanzten und tranken. Von da an liefen die Gassenbuben dem Leutnant auf

Es war unter gebildeten Menschen bisher nicht üblich, eine körperliche Unpäßlichkeit einem Gentleman vorzuwerfen. (Gerd Fritz Leberecht, 1913) Postkarte, Zabern, 1913

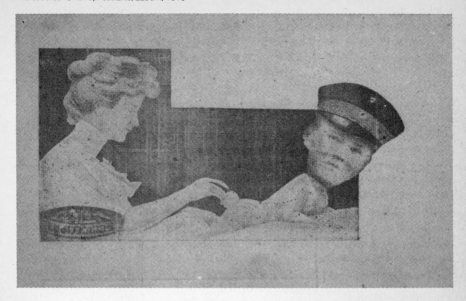

der Straße nach, riefen — weil sie eben Gassenbuben und in diesen Dingen der umschreibenden Redeweise nicht kundig sind — ihm «Bettschisser» nach und rannten davon. Das war die einfache, in ein Wort kondensierte Beschreibung des Tatbestandes, wurde aber vom Regimentskommandeur als Beleidigung — nicht etwa der Hattener Familie und ihres Gastbettes, sondern des Leutnants gedeutet. (Erinnerungen von C. P. Heil, der 1913 Redakteur bei der Straßburger Post war, veröffentlicht in der Frankfurter Allgemeinen Zeitung vom 2. November 1963)

Bettschiß, 2. Version: Bald hörte man andere Zurufe. Es war ruchbar geworden, daß dem Leutnant während der Manöver in der Gegend von Hatten ein Missgeschick passiert war. Er hatte abends zuviel Pflaumenkuchen gegessen und darauf Bier getrunken und in der Nacht das Bett besudelt. Im Elsass, wo man so viel menschliches Verstehen findet, hätte kein Hahn danach gekräht, und kein Mensch hätte sich darum gekümmert, wenn eben dieser Leutnant nicht seine famose Stechprämie gegen die ‹Wackes› ausgesetzt hätte. Aber als seine Beschimpfung gegen das

17

Volk bekannt geworden war, wurde auch sein Manöver-Malheur mitgeteilt, und so konnte denn der Leutnant bei jedem Ausgang in die Stadt das Wort aus dem Munde Zaberner Jungens hören: «Bettsch....» (Chienlit). Das Wort war gewiss nicht schön und nicht dazu angetan, das Prestige eines selbstbewussten preussischen Leutnants zu erhöhen. (Joseph Kaestlé, Ein Sturmsignal aus dem Elsaß, Aus den Memoiren eines Journalisten, Strasbourg 1933, S. 37 f.)

Bettschiß, 3. Version: Dieselben Leute, deren Zartgefühl durch den Ausdruck «Wackes» verletzt worden ist, geben einen Beweis von ihrer guten Erziehung, indem sie dem Leutnant v. Forstner auf der Straße stets das Wort «Bettschisser» nachbrüllen.
Es war unter gebildeten Menschen bisher nicht üblich, eine körperliche Unpäßlichkeit einem Gentleman vorzuwerfen. Das bekommt nur die Parteiwut und die Sucht nach dem Beifall der Galerie bei uns fertig. In der Tat ist das erwähnte Mißgeschick dem jungen Offizier in einem Manöverquartier passiert. Wer nächtelang in einem nassen Biwak auf blanker Erde gelegen hat und tagsüber bei mangelhafter Verpflegung marschiert, dem kann es wohl so gehen, wie den Kriegern des Xenophon nach dem Genusse von wildem Honig. Es gibt wohl kaum einen alten Soldaten, der nicht einmal während eines Manövers Diarrhöe gehabt hätte. Der große Seeheld Nelson erbrach sich in der Kajüte über seinen Karten und siegte trotzdem bei Trafalgar. Ein junger Offizier meldet sich in solcher Lage nicht krank, sondern nimmt Opiumtropfen und marschiert weiter; es ist eine Roheit sonder Gleichen, ihm das Malheur nachher anzukreiden, und das Eine kann wohl versichert werden, daß der Versuch, ihn dadurch lächerlich und unmöglich zu machen, bei allen Leuten von Anstand mißlungen ist. (Gerd Fritz Leberecht, Zabern und des Königs Rock, Berlin 1913, S. 12 f.)

Bettschiß, 4. Version: 2. Oberrheinisches Infanterie-Regiment No. 99 No. 30 Pers. 14, Tr.-Ueb.-Pl. Oberhofen, 29. 1. 14 / 30. 1.
Die Vernehmung des Friseurs Herr in Niederbetschdorf durch das Amtsgericht Sulz u. Wald lautet:
«Leutnant Frhr. v. Forstner war während der letzten Manöver zwei Tage bei mir einquartiert. Das Bett, welches er benützte, hat er vollständig rein zurückgelassen und irgend eine Verunreinigung ist nicht vorgekommen.» I. A. d. R. K. Gez.: Sonntag. (In: Arnold Heydt, Der Fall Zabern, Strasbourg 1934, S. 49)

18

Revolver. Drohend gestaltete sich am Samstag (8. 11.) die Sache. Trotz der angesammelten dräuenden Gewitterwolken, hielt sich der Leutnant nicht wie es eigentlich zu erwarten und allein verständlich gewesen wäre, von der Straße zurück, er begab sich vielmehr in Begleitung mehrerer junger Kameraden nach dem im Zentrum der Stadt gelegenen Restaurant zum Karpfen, gefolgt von einer großen, drängenden Menschenmenge. Aber auch dies focht die Herren nicht an, sie zeigten sich allen Eventualitäten gewachsen: sie hatten noch nicht recht Platz genommen, als schon neben Biergläsern blitzende Revolver lagen. Auch dieser nicht sehr ernst wirkenden Komödie wurde durch das Erscheinen des Herrn Regimentskommandeurs ein jähes Ende bereitet. Als sein Versuch durch gütliches Zureden die auf dem Schloßplatze versammelte Menge zu beruhigen, gescheitert war, tat er das in diesem Falle einzig Richtige und holte den jungen Herrn unter Bedeckung der anderen Offiziere aus dem Restaurant nach der schützenden Kaserne. (Zaberner Anzeiger, 11. November 1913)

"... Als der Oberst, die Leutnants im 'Karpfen' saßen und den Revolver auf den Tisch gelegt hatten, da sind die Leute, die das erfahren hatten, auf dem Schloßplatz zusammengekommen und rumorten, und ich war auch dabei. Da kam der Oberst auf die Treppe und schrie: 'Leute!' Da haben wir gebrüllt: 'Wir sind keine Leute, wir sind Bürger!' Das ist losgegangen, und der Oberst hatte schon graue Schläfen, da hat einer gerufen: 'Silwerkinjele' (Silberkaninchen). Da hat er schon seinen Namen gehabt. Und dann sagten die Leute: 'Auf, nach Hause gehn.' Da haben wir gesagt: 'Noch ne Weile, wir gehn nicht so' — und dann wurde gebrüllt 'Vive la France!', das durfte man aber nicht rufen. Es gab aber damals zwei Zuckerfabriken, die von Hirschheim und die von Frankenthal. Und da haben wir geschrien: 'Vive la Fraaaan—kenthaler Zuckerfabrik!' ... " (Joseph D. Heyl, im Juli 1982)

Eine Art Kriegszustand. Trübe Wolken und leise rieselnder Regen hielten am folgenden Sonntag (9. 11.) die Straßen menschenleer. Kaum hatte sich mittags gegen 3 Uhr die Sonne Bahn gebrochen, da erschien schon wieder der über Nacht berühmt gewordene Leutnant auf der Bildfläche.
Mehr und mehr wuchs die Erregung und erreichte ihren Höhepunkt, als in herausfordernder Weise der Friedensstörer Freiherr von Forstner säbel-

19

rasselnd in der Stadt sich zeigte und sogar als Rondeoffizier am straßen-
belebten Sonntagsnachmittag in regelmäßigen Zeitabschnitten die
Straßen durchmaß.

Diese dem militärischen Schneid entsprungene aber in ihrer Wirkung
durchaus verfehlte Maßnahme des Garnisonkommandos, gestaltete
sich zu einer lächerlichen Farce und gab dem elsässischen Humor ausgiebig Gelegenheit selbst bei diesem sehr ernsten Vorfall, sich in treffen-
den und witzigen Bemerkungen zu ergehen. Und auch als 4 junge Kameraden des Uebeltäters, anscheinend um sich mit diesem solidarisch zu
erklären, im Gänsemarsch zu Paaren, Hand auf gelockertem Säbel, stolz
in der Brust, siegesbewußt die Straße auf und ab zogen, ließen sich
durch das provozierende und in seiner Art lächerlich wirkende Verhalten
die Demonstranten nicht zu Tätlichkeiten hinreißen.

Keine 10 Minuten waren verstrichen, da füllte schon eine schwarze Menschenmenge die Straßen der Stadt, johlend zogen besonders aufgeregte
Gemüter dem Freiherrn nach. Zu seinem Schutze wurde von der Schloßwache aus eine Patrouille nachgesandt, die ihm zur neuen Kaserne das
Geleit gab. Der Zug wurde auf dem Rückweg durch mehrere Gendarmen, Leutnants, Polizisten, Feldhüter und eine mächtige Dogge verstärkt.
Mehrmals noch zeigte sich der spaßhafte Aufzug dem staunenden Volke,
das sich aus den umliegenden Dörfern zu einer unübersehbaren Masse
ergänzt hatte und für das nicht alltägliche Sonntagsvergnügen immer
wieder aufs neue mit wieherndem Gelächter und mit obligaten Rufen
dankte.

Um 5 Uhr wurde eine Art Kriegszustand erklärt. In den Kasernen wurde
das Militär konsigniert, zahlreiche Patrouillen, wohlversehen mit scharfer
Munition, Sturmriemen unterm Kinn, durcheilten die Stadt und in sämtli-
chen Wirtschaften wurde der Regimentsbefehl verkündet:

«Das Militär hat sofort das Lokal zu verlassen, sich nach der Kaserne zu
begeben und sich nicht mehr auf der Straße zu zeigen.»

Was aber besonders Kopfschütteln bei allen, die objektiv die Sache betrachteten, verursachte, war, daß man das gesamte Militär nach der Kaserne beorderte, daß auch ältere Hauptleute zum Dienst antreten mußten; die jungen neugebackenen oder angehenden Leutnants aber, für die
schien ein Regimentsbefehl nicht zu existieren, denn nach wie vor pro-
menierten sie unter den Augen des Regimentskommandeurs mitten auf
der Straße und bildeten den Gegenstand lebhaftester ‹Ovationen›. Es
schien, als hegten sie die Hoffnung, bei der unbewaffneten Menge billige
Lorbeeren ernten zu können.

Inzwischen hielt vor der freiherrlichen Wohnung die Menge in Gemein-
schaft mit Militärposten und einem großen Polizeiaufgebot treue Wacht

20

Die Leute sprachen Verwünschungen und Drohungen aus, forderten den Leutnant heraus und machten Miene, Lynchjustiz zu üben. Der herbeigeeilte Oberst sowie der Bürgermeister waren nicht imstande, die Menge zu beruhigen; auch die Polizei und Gendarmerie blieben machtlos, so daß schließlich die Feuerwehr aufgeboten werden mußte. Man erzählt, daß sich diese anfänglich weigerte, in die Menge zu spritzen, dann hielt sie das Stahlrohr so, daß der Strahl im Bogen niederging, wogegen sich die Menge durch Aufspannen von Regenschirmen schützte. (Germania, 1913)

und hatte so ihrerseits über dieselbe einen inoffiziellen Belagerungszustand verhängt. Mit der Zeit wurde die Stimmung eine ziemlich gehobene
und nur einzelne Verhaftungen gaben zu ernsteren Szenen Veranlassung.
Was Posten, Gendarmen, Schutzleute nicht fertig brachten, vermochte
auch die Feuerwehr nicht. Wie man sich erzählt, war es die Wut darüber,
daß der erste anscheinend fehlgegangene Wasserstrahl unseren
ehrwürdigen städtischen Polizeiwachtmeister traf, welche einige Leute
veranlaßte, die Schläuche zu durchschneiden und so zur Freude der
sparsamen Bürger bei unserer allbekannten Wassernot einer allzu-
großen Vergeudung des ‹kostbaren Naß› vorzubeugen. Erst der höheren
Gewalt und der Einsicht des Himmels, der einen ergiebigen Regen auf die
erhitzten Gemüter niedergehen ließ, beugte sich die Menge und verlief
sich allmählich. (Zaberner Anzeiger, 11. November 1913)

**"... Sonntag war sogar noch Wahltag der Ortskrankenkasse im
ganzen Kanton. Natürlich kamen die alle extra nach Zabern, um
zu sehen, was los wäre. Und tatsächlich, der Leutnant stand in
der Türe und rauchte eine Zigarette in seinem Haus, und die Leut
kamen alle und dann haben sie rumort und dann haben's die
Feuerwehr geholt. Die ging die Gasse runter und dann den
Schlauch abgehaspelt, und ich stand neben dran. Und an der
Ecke ist ne Wirtschaft, kam einer von hinten, sah ich auf einmal
einen Arm mit einer Axt und tzumm! war der Schlauch kaputt. Da
hat die Feuerwehr ihren Schlauch wieder aufgehaspelt und ist
fortgegangen. Da waren dann zwei oder drei verhaftet worden
von der Polizei, und da sind die andern rein und haben sich ge-
balgt. Die Leute, die verhaftet worden waren, sind befreit worden
von den anderen Leuten, und da war der Polizeikommisar mit
dem Säbel, ein behäbiger Mann — der war von 1870 bis 1918 in
Zabern, die ganze Zeit. Der hat mich auch mal gelobt: 'Du bist der
brävste Bub der ganzen Stadt Zabern.' Der stand da auch, und der
hat, als sie spritzten, hat der alles gekriegt, denn die andern Leute
gingen alle auseinander, und der schaute erst rum und schon war
er ganz nass ... "** (Joseph D. Heyl, im Juli 1982

Witwe Evers 1. Teile Ihnen mit, daß ich von heute ab Ihre Zeitung nicht
mehr haben will. Wie können Sie als ‹Deutscher› eine derartige Hetze veranstalten! Die Folgen tragen wir Geschäftsleute. Dies zeigt sich dieser Ta-

22

ge, wo die Kassen gleich Null waren. Es ist große Erbitterung gegen Ihre Zeitung, und es werden noch mehr Deutsche Ihre Zeitung aufgeben. Was soll denn aus Zabern werden, wenn das Militär nicht mehr ausgehen darf? Ergebenst Evers, Witwe. (In: Höflich, Affaire Zabern, S. 112)

"... Den Zaberner Anzeiger gab der Wiebicke heraus, der hatte eine Akzidenzdruckerei in der Vorstadt. Wiebicke kam aus Sachsen. Zu Kaisers Geburtstag hing der immer die sächsische Fahne heraus, grün-weiß ... " (Joseph D. Heyl, im Juli 1982)

Aufgeregte Szenen spielten sich am Montag (10. 11.) ab. Schon wurde die harrende Menge ungeduldig und wollte, ohne den erwarteten Radau genossen zu haben, nach Hause gehen, als auch die bekannten Leutnants wieder, ostentativ durch die Menge promenierend, auf der Bildfläche erschienen. Als auch noch Polizei und Gendarmen vollzählig anrückten, da ging der Rummel wieder von neuem los. Die jugendlichen Demonstranten freuten sich ihrer Stimmübungen und brannten, um auch der zahlreichen Zuschauer oder besser Zuhörermenge etwas neues zu bieten, sogenannte Kanonenschläge und Frösche ab.
Auf die Dauer konnte aber auch dies die Menge nicht fesseln, und schon wollte sich diese halb unbefriedigt von dem Gebotenen nach Hause begeben, als hoch zu Roß 3 Gendarmen eschienen. Nun war wieder eine Gelegenheit zum Brüllen vorhanden. Immer aufgeregter wurde nicht nur die Menge, sondern auch die Berittenen, und ihre Pferde. Hie und da wurde auf dem Trottoir die hohe Schule zwischen den Zuschauern geritten, zu weiteren Zusammenstößen kam es aber nicht. Nur einen, der sich anscheinend zu sehr hervorgetan, nahm man fest und trug ihn zur Wache. Bei dem ungemütlichen Wetter verlief sich allmählich die Zuschauermenge doch, und bald lag die Stadt wieder so ruhig da, wie sonst immer. Nur der Inhaftierte rumorte im ersten Stock der Wache, demolierte das ganze Lokal und stieg durch den Plafond ins Erdgeschoß, der goldenen Freiheit entgegen, wo er von einigen Freunden begrüßt wurde. (Zaberner Anzeiger, 11. November 1913)

Gefährdete Gegend. Die vorhergegangenen erregten Zwischenfälle ließen auch für die Dienstagnacht (11. 11.) Exzesse befürchten. Dieserhalb auch waren von den Sicherheitsbehörden die umfassendsten Maßregeln getroffen. Der Gendarmerie waren Gendarmen der Umgegend

unter Führung eines Gendarmeriehauptmanns zur Unterstützung beige-
geben. Der Bürgermeister erließ folgende Mahnung:
Mitbürger! An den letzten Abenden haben am Schloßplatz und den anlie-
genden Straßen größere Menschenansammlungen stattgefunden. Der
von der Polizei ergangenen Aufforderung zum Auseinandergehen ist vielfach nicht Folge geleistet worden.
Da aus diesen Aufläufen leicht sehr ernste Störungen der Ruhe und der
Ordnung in der Stadt entstehen können, werden die Einwohner ersucht,
sich von jeder Zusammenrottung fern zu halten, jedenfalls aber den
Anordnungen der Polizei oder der Gendarmerie unbedingt und sofort Folge zu leisten, da sie sich unter Umständen schwerer Bestrafung wegen
Widerstandes und Landfriedensbruches aussetzen.
Es wird noch besonders darauf aufmerksam gemacht, daß nicht nur in
dem tätigen Mitwirken, sondern schon in dem bloßen Anwesendsein bei
den Aufläufen das Merkmal des Landfriedensbruchs erblickt wird.
Gleichzeitig mache ich darauf aufmerksam, daß die Militärposten und
Patrouillen mit scharfer Munition ausgerüstet sind und strenge Anweisung erhalten haben, bei der geringsten Zuwiderhandlung von der Waffe
Gebrauch zu machen! Ich bitte deshalb dringend, sich jeder Zuwiderhandlung zu enthalten.
Von meiner Aufsichtsbehörde bin ich ermächtigt, der Bürgerschaft mit-
zuteilen, daß der bedauerliche Anlaß zu den Unruhen streng, eingehend
und unparteiisch untersucht werden und daß der Fall die gebührende
Sühne erhalten wird. Es liegt im Interesse der Untersuchung, daß bis zu
ihrer Beendigung die größte Ruhe bewahrt wird.
Trotzdem sammelten sich ungeachtet der abscheulichen Witterung in
der gefährdeten Gegend zirka 300 Personen, zwischen denen sich zahlreiche blinkende Helme bewegten mit der Aufforderung ‹zirkulieren! weitergehen!› Bereitwillig folgten die Massen der Aufforderung, und zwar
umso lieber, als sie sich durch diese Bewegung vor kalten Füßen schütz-
ten. (Zaberner Anzeiger, 13. November 1913)

**"... Wenn die Schule aus war, haben wir uns damals immer ge-
troffen, 10 Minuten später am Schloßplatz. Kaum waren wir zusammen, kamen zwei Gendarmen: 'Ansammlung verboten! Weitergehen! Nicht stehenbleiben!' Das war der tägliche Befehl von
morgens bis abends. Dann haben wir gewartet, bis die Soldaten
vorbeigingen, und wenn sie 10 Meter weg waren, marschierten
wir hinter ihnen her. Sie fielen auf jeden Trick rein, und man hän-
selte sie, so gut man konnte.**

Vor der Zaberner Schloßkaserne. Die Herren, die säbel- und sporenklirrend und mit der Scherbe im Auge durch die Straßen stolzieren, fühlen sich als die eigentlichen Herren des Landes. Was Parlament! Was Verfassung! Wir geben den Ton an. Und das Zivilistenpack hat zu kuschen! (Vorwärts, 1918)

Auf einmal wurde das Zigarettendrehen hohe Mode. Denn zum Drehen muß man stehenbleiben. 'Weitergehen!' — 'Gleich, ich will noch grad mein sigarreddel dräje.' — 'Sind Sie bald fertig?' — 'Jetzt isch mer das verdammte Bläddel zerrisse. Ein Moment!' — 'Können Sie keine fertigen Zigaretten rauchen?' — 'Nee, ich rauch nimme Bürrüs!' Und wenn dann einer fertig war, stand da gleich ein andrer und fing an zu drehen..." (Joseph D. Heyl, im Juli 1982)

Der offiziöse Draht meldet, daß das Generalkommando in Straßburg eine Untersuchung über die in der Presse besprochenen Vorfälle beim Infanterieregiment Nr. 99 in Zabern angeordnet habe, bei der sämtliche Zeugen gerichtlich vernommen worden seien.

«Die Untersuchung hat ergeben, daß Leutnant Freiherr von Forstner beim Exerzieren am 28. Oktober d.J. einen wegen unerlaubten Waffentragens und groben Unfugs vor seinem Diensteintritt bestraften Rekruten in Gegenwart der Korporalschaft ermahnt hat, Streitigkeiten mit Zivilpersonen und Schlägereien zu vermeiden. Dabei sagte er ihm folgendes: ‹Nehmen Sie sich in acht, wenn Sie jetzt allein in die Stadt gehen. Sie scheinen zu Schlägereien zu neigen und können in Zabern leicht zu einer solchen kommen. Hemmen Sie also Ihren Tatendrang.› Hieran knüpfte er

25

eine Belehrung, wie der Rekrut sich dagegen zu verhalten habe, wenn er angegriffen wird, und sagte ihm: ‹Wenn Sie aber angegriffen werden, dann machen Sie von Ihrer Waffe Gebrauch. Wenn Sie dabei so einen Wackes niederstechen, dann bekommen Sie von mir noch 10 Mark.› Der Korporalschaftsführer fügte hinzu: ‹Und von mir außerdem noch drei Mark.› Aus diesem Zusammenhang geht hervor, daß es ausgeschlossen ist, daß der Herr Leutnant mit dem gebrauchten Ausdrucke die elsässische Bevölkerung allgemein bezeichnet, daß er vielmehr mit dem Ausdruck ‹so ein Wackes› nur streitsüchtige Personen und Raufbolde gemeint hat.»

Wir glauben nicht, daß die aufgeregten Elsaß-Lothringer sich mit dieser etwas sehr bequemen Auslegung zufrieden geben werden. (Germania, Berlin, 12. November 1913, Abendausgabe)

Privates. Am 9. November war der Oberst zu mir nach Straßburg gekommen und hatte mir gemeldet, daß er um seine Verabschiedung einkommen wolle. Die Gründe waren privater Natur und standen in keinem Zusammenhang mit den Vorgängen in Zabern. Bis zur Erledigung des

Oberst von Reuter mit Gattin wartet auf den Zug. Wie ein Lauffeuer ging gestern Mittag die Kunde durch die Stadt: «Oberst von Reuter ist beurlaubt.» Diese Mitteilung kam ganz überraschend, sodaß man sie sich anfangs nur mit großem Mißtrauen erzählte. Wie wir in Erfahrung brachten, ist der Urlaub schon gestern Mittag 12 Uhr bewilligt. Oberst von Reuter hat sein Abschiedsgesuch eingereicht. (Zaberner Anzeiger, 1913)

Abschiedsgesuchs bat er um Urlaub. Diesen Urlaub genehmigte ich, da ich mir dadurch eine Entspannung der Lage in Zabern versprach.
Leider dachte das Militärkabinett anders und rief den Oberst telegrafisch von seinem Urlaub zurück. Der Kaiser hielt die Gründe, die Reuter zu seinem Abschiedsgesuch veranlaßt hatten, nicht für dringend und wollte vor allem den Anschein vermieden haben, als ob der Fortgang des Obersten in einem Zusammenhang mit den Zwischenfällen in Zabern stände. Für das Glätten der Wogen wäre es zweifellos besser gewesen, wenn man es in Berlin bei meiner Beurlaubung des Oberst von Reuter gelassen hätte. (Berthold von Deimling, Aus der alten in die neue Zeit, Berlin 1930, S. 150)

Dienstliches. Durch Korpsbefehl ist den Militärpersonen das Halten des Zaberner Anzeigers verboten!
Wir danken ihm für die Reklame und stellen ihm ein Rezensionsexemplar zur freien Verfügung.
Am Telephon.
Rrrrrrrr!
«Halloh?»
«Hier Redaktion X.»
«Hier Generalkommando!»
Redaktion: «Wie verhält es sich mit der Beurlaubung des Obersten von Reuter?»
Generalkommando: «Schluß.»
Redaktion: «Danke.»
Redakteur X. setzt sich und schreibt:
Wie wir von authentischer Seite erfahren, ist es mit der Stellung des Herrn von Reuter als Oberst des hiesigen Regiments Schluß. (Zaberner Anzeiger, 15. November 1913)

Ein neuer Fall trug sich gestern zu. In der Instruktionsstunde, die zur Unterweisung und Belehrung der Rekruten dienen soll, schaffte Leutnant v. Forstner seinem chauvinistischen Herzen wieder einmal Luft. Er warnte zunächst die jungen Rekruten, wie es ganz am Platze, vor der verderblichen Fremdenlegion, schloß aber seine Rede, wie es weniger am Platze und für einen Offizier besonders ungehörig, vollends aber sich mit der Redeweise eines Gebildeten durchaus nicht vereinbaren läßt, mit dem in pathetischem Tone gehaltenen Ausruf: «Auf die französische Fahne könnt Ihr meinetwegen.......!» (Zaberner Anzeiger, 15. November 1913)

Die Sieger von Zabern. Aus dem Reichslande wird uns von besonderer Seite geschrieben:
Die hiesige Presse hatte eine geradezu unglaubliche Hetze an die Vorkommnisse in Zabern geknüpft. Nicht nur die Militär-, auch die Zivilbehörde ist in der unflätigsten Weise angegriffen und verdächtigt worden. Jetzt, nachdem die große Schlacht geschlagen ist, bläst man auf der ganzen Linie Siegesfanfaren. Und der äußere Augenschein gibt der franzosenfreundlichen Presse dazu zweifellos ein gewisses Recht, wenn sie jetzt, nachdem der Zaberner Krieg zum Abschluß gekommen ist, sich als Sieger fühlt. «Der Oberst des Zaberner Regiments v. Reuter hat auf unbestimmte Zeit Urlaub erhalten und aus dem Urlaub wird zweifellos ein Abschied werden», so brauste der Jubelruf durch den reichsländischen Blätterwald, und dasjenige Blatt, welches die Denunziationen über die Vorgänge im Zaberner Regiment zuerst brachte, welches in dem ganzen Kampf die führende Rolle einnahm, konnte auch diesen Sieg zuerst verkünden.
Ueber das alles spricht der «Elsässer» und mit ihm die gesamte reichsländische Presse ihre «Genugtuung» aus. Und im ganzen Reiche wird im roten Lager diese Genugtuung über den Zaberner Sieg warm nachempfunden.
Wir hatten von Anfang an darauf hingewiesen, daß hinter der ganzen Zaberner Aktion mit all ihren Gehässigkeiten das Franzosentum als treibende Kraft steht. Der Schleier, der bis jetzt nur notdürftig diese antinationalen Triebfedern verhüllte, hat sich nun gelüftet.
Das mehrfach genannte, in dieser Angelegenheit führende Organ hat verraten, daß es nicht die beleidigten Elsässer sind, für die es kämpft, sondern daß es ihm vor allem darauf ankommt, das deutsche Heer in Mißkredit zu bringen und mit dem von ihm verhätschelten Franzosentum durch Dick und Dünn zu gehen.
Der «Elsässer» behauptet nämlich, daß Leutnant Frhr. v. Forstner bei Besprechung der französischen Fremdenlegion zu seinen Rekruten die französische Fahne durch eine obszöne Aeußerung beschimpft habe. Es erscheint uns als ganz unwahrscheinlich, daß diese Meldung den Tatsachen entspricht.
Wenn wir jedoch die Möglichkeit voraussetzen wollten, so müßte die Aeußerung selbstverständlich ihre entsprechende Sühne finden.
Aber warum, so fragen wir, ist diese tendenziöse Meldung von einem elsässischen Soldaten dem deutschfeindlichen Organ hinterbracht worden? Doch nur, weil sich der Elsässer eben nicht als Deutscher, sondern als Franzose fühlte und auf alle Fälle an seinem Vorgesetzten für dessen Ausspruch Rache nehmen wollte.

Es geht also aus der Meldung des «Elsässer» das eine zur Evidenz hervor, daß im deutschen Heere Elsässer sind, die sich als Franzosen fühlen, und daß die deutsche Heeresverwaltung diese Elsässer vier Stunden von Frankreich an der deutschen Grenze als Wacht aufgestellt hat. Werden unsere national-liberalen Zeitungen, die bis jetzt den Zaberner Fall als so harmlos und unschuldig darstellen, von dieser Tatsache Kenntnis nehmen?

Die zweite Folgerung aus dieser Meldung ist, daß der «Elsässer» ein durchaus deutschfeindliches Blatt ist, das mit seiner Mitteilung, auch wenn sie sich als wahr herausstellen sollte, nichts anderes bezwecken wollte und könnte, als das deutsche Ansehen zu schädigen und das deutsche Heer herabzusetzen. Die Elsässer kommen dabei nur insofern in Frage, als sie sich jetzt als Ehrenretter der Franzosenfahne aufspielen. Blätter aber, die derartige Zwecke verfolgen, müßten im Deutschen Reiche verboten werden können. (Neue Preußische Zeitung, 18. November 1913, Morgenausgabe)

Nicht christlich. Dreißig elsässische Studenten haben dem Leutnant Freiherrn von Forstner eine Duellforderung zugehen lassen. Wir müssen diese letztere sonderbare Art, die elsässische Bevölkerung in Schutz zu nehmen, mit aller Entschiedenheit mißbilligen; das ist nicht christlich und heißt dem Herrn Leutnant eine Bedeutung beilegen, die er wirklich durch nichts verdient hat. (Germania, 14. November 1913, Abendausgabe)

Erstaunliche Klänge. Oberst von Reuter, der durch Einreichung seines Abschiedsgesuchs selbst kund getan hatte, daß er nach dem bisherigen Verlauf der Affäre nicht mehr auf den Zaberner Posten passe, ist wieder seit gestern mittag 12 Uhr mit der Führung des Regiments betraut.

Unter den Klängen des Preußenmarsches zog er gestern mittag an der Spitze einer Landwehrkompagnie in Zabern ein.

Ganz Zabern war erstaunt und nicht am wenigsten die höheren Kommandostellen, die auf offener Straße erst von einem Major über die überraschende Wendung der Dinge Kenntnis erhielten mit dem lakonischen Bescheid:

Auf allerhöchsten Befehl S. M.

Der reisefertige Möbelwagen ist wieder ausgepackt und auch der junge Leutnant kann weiterhin seines merkwürdigen Erzieheramtes walten. (Zaberner Anzeiger, 17. November 1913)

Das schwarze Brett. Durch das Verbot des Generalkommandos sahen wir uns genötigt, den Militärpersonen, denen das Halten des ‹Anzeigers› verboten ist, Gelegenheit zu geben, den wirklichen Sachverhalt kennen zu lernen und schlugen deshalb die letzte Nummer wieder ans schwarze Brett vor unserem Geschäftslokal an. Von diesem unserem Entgegenkommen dem Militär gegenüber wurde ausgiebig Gebrauch gemacht, u.a. versammelte sich davor heute morgen eine ganze Anzahl Offiziere, an ihrer Spitze General von Deimling und Oberst von Reuter und gaben sich mit sichtlichem Interesse der Lektüre hin. Wir erzählen diesen Vorfall aber nur unter dem Spiegel der strengsten Verschwiegenheit, damit dem Herrn Korpskommandeur durch seinen Verstoß gegen den Korpsbefehl keine Unannehmlichkeiten erwachsen. Also wie gesagt, die Sache bleibt unter uns. (Zaberner Anzeiger, 17. November 1913)

"... Der Wiebicke, der hatte eine Akzidenzdruckerei (rechts) in der Vorstadt. Der Wiebicke war ein Agitator. 'Stadtrat Wiebicke besänftigte die aufgebrachte Menge', stand in seiner eigenen Zeitung ..." (Joseph D. Heyl, im Juli 1982)

Witwe Evers 2: Am 10. 11. 13 ließ ich mich dazu hinreißen, auf offener Postkarte den Verlegern des Zaberner Anzeigers den Vorwurf zu machen, daß sie Urheber und Anstifter einer Hetze seien. Diesen mit Bezug auf die Zaberner Vorfälle gemachten schweren Vorwurf nehme ich mit Bedauern zurück und versichere, daß nur in der Erregung eine solche durch nichts begründete Behauptung von mir aufgestellt werden konnte.

30

Diese Erklärung wird in zwei hiesigen Zeitungen auf meine Kosten veröffentlicht, deren Wahl den Beleidigten freisteht.
Zabern, den 17. November 1913. Karl Evers, Wwe. (Zaberner Anzeiger, 17. November 1913)

Nicht ruhen und rasten. Oberst von Reuter hielt am Dienstagmorgen 7 Uhr vor Ankunft des Generals von Deimling im Schloßhofe vor versammelter Mannschaft folgende Rede:
«Es hat sich im Regiment ein Fall zugetragen, der durch das Hinaustragen in die Oeffentlichkeit stark übertrieben wurde. Als ich das Regiment übernommen habe, tat ich es in der Hoffnung, es zum ersten des Armeekorps zu machen, und nun ist es das mißachtetste. Das ganze Regiment ist mit Schmutz besudelt worden, selbst bis zu meiner Person. Ich werde nicht ruhen und rasten, bis diejenigen zur Strecke gebracht sind, die die Sache hinausgetragen haben, vom Feldwebel bis zum letzten.» (Zaberner Anzeiger, 21. November 1913)

Zug nach Frankreich. Wir wissen nicht, ob man sich an den maßgebenden Stellen der Tragweite der Zaberner Unruhen bewußt ist; dann möge man bedenken, daß zurzeit 154 französische Generäle, darunter neun aktive kommandierende Generäle, aus dem kleinen Elsaß-Lothringen herstammen. Durch Vorkommnisse wie den Zaberner Fall wird dieser Zug nach Frankreich fast mit Gewalt begünstigt. (Germania, 20. November 1913, Abendausgabe)

Unterschriftensammlung 1: Die von den hiesigen Zeitungen gebrachte Nachricht, Leutnant Freiherr v. Forstner habe in der Instruktionsstunde bei Besprechung der französischen Fremdenlegion eine beleidigende Aeußerung über die französische Fahne getan, wird an hiesiger zuständiger Stelle als unwahr bezeichnet. Die Aeußerung hat sich vielmehr nach Aussage von 22 Zeugen, unter denen 13 Elsässer waren, auf den Dienst in der französischen Fremdenlegion und nicht auf die französische Fahne bezogen. Gegen die Verbreiter der unwahren Behauptungen wird Strafantrag gestellt werden.
Der «Elsässer» behauptet, an der Instruktionsstunde hätten 79 Rekruten teilgenommen. in dem vom Generalkommando veröffentlichten Untersuchungsergebnis sei aber nur von 22 Rekruten die Rede gewesen. Die Rekruten, die gerichtlich vernommen wurden, seien um 11 Uhr nachts

31

aus dem Schlafe geweckt worden; im Untersuchungszimmer sei ihnen dann ein Schriftstück vorgelesen worden, in dem es hieß: «Die unterzeichneten Rekruten erklären, sich nicht mehr des genauen Wortlautes der Ausführungen des Herrn Leutnants Forstner erinnern zu können.» Die Rekruten hätten dieses Schriftstück ohne weiteres unterschrieben. (Germania, 18./21. November 1913)

Carl von Ossietzky. Der deutsche Wetterwinkel. Wir sind es in Deutschland nicht gewöhnt, daß dem militärischen Dünkel die Zähne gezeigt werden, und blicken mit einem gelinden Gruseln nach der ‹wilden› französischen Ecke, wo es Menschen gibt, denen eine Leutnantsuniform nicht imponiert.
Der Versuch, über die neue Verfassung hinweg den alten Ausnahmezustand in Elsaß-Lothringen zu erhalten, hat unverhofften Widerstand gefunden. Die ‹Wackes›-Affäre an sich ist geringfügig. Auch im übrigen Deutschland hat die Phraseologie der Kaserne wenig mit dem guten Ton zu schaffen. Aber die Bevölkerung sah in der Provokation eines kleinen Leutnants das Glied einer großen, fortlaufenden Kette. Das Maß war voll. Um den Zorn der Massen zu einer Entladung zu bringen, bedurfte es nur eines verhältnismäßig kleinen Anlasses. Die ‹hohen› Persönlichkeiten umkleidet der Mantel einer traditionellen Autorität; doch bei den Uebergriffen der Subalternen mischt sich in den Unwillen ein gesundes Gelächter; denn der Volkswitz erkennt die mißlungene Kopie bald und sieht, daß sich in der Haut des Löwen häufig ein weniger respektierter Vierfüßler wichtig macht.
Die Regierung hat die Pflicht, für eine umfassende Untersuchung der ganzen Affäre zu sorgen. Was wir bis jetzt davon gehört haben, war nur eine Farce, die auf die Elsaß-Lothringer wie eine neue Provokation wirken muß. Bei Nacht und Nebel hat man die Soldaten aus dem Bett geholt und ihnen einen Revers zur Unterschrift vorgelegt, den sie nicht einmal lesen konnten. Ob man die Leute auch noch mit anderen Mitteln ‹bereitwillig› gemacht hat, ist nicht bekannt. Vemutlich waren die armen Teufel froh, als man ihnen die Versicherung gab, daß das Schriftstück, das sie zu unterschreiben hatten, nicht ihr Todesurteil war. Wenn sich die letzten Nachrichten bewahrheiten, sucht man bereits abzulenken. Nicht der Leutnant von Forstner soll wirklich bestraft, sondern die Bösewichter, die die Geheimnisse der ‹Instruktions›stunden ausgeplaudert haben, sollen verantwortlich gemacht werden. Auch die Beschimpfungen der französischen Flagge harren noch immer der Aufklärung. Hat der Reichskanzler kein Interesse daran, Licht in die Sache zu bringen? Oder gedenkt er, vor

Herrn von Deimling bedingungslos zu kapitulieren? Wenn wir nicht in Deutschland lebten, würden wir sagen, es ist die Pflicht des Parlaments hier einzugreifen und diesen Winkel gründlich zu durchleuchten. Du lieber Himmel, Tatkraft vom Reichstag zu verlangen, der bei der Frage der Kruppkommission erst wieder gezeigt hat, wie leicht er einzuseifen ist! Er wird die Regierung weder mit kurzen Anfragen noch mit langen Reden aus der Gemütsruhe bringen. Deimling aber, der durch papierne Resolutionen nicht zu erschüttern ist, wird seinen Eleven hohnlachend erzählen, wie er die Kerle angebrüllt hat.

Die Elsaß-Lothringer werden den Kampf mit den Militärbehörden wohl allein auszufechten haben. Aber ihre von den Alldeutschen so gehaßte gallische Blutmischung hat sie zum Glück vor der trübseligsten Eigenschaft deutscher Staatsbürger bewahrt: der Schafsgeduld. Wir danken ihnen von Herzen, daß sie den Geßler-Hut des preußischen Militarismus so beherzt von der Stange geholt haben. (Das freie Volk, Demokratisches Wochenblatt, 29. November 1913)

Unterschriftensammlung 2: Auf Ehre und Gewissen erkläre ich, und jeder der Unterzeichneten mit eigenen Ohren gehört zu haben, wie Herr Leutnant Frhr. v. Forstner am 14. November 1913, morgens zwischen 7 und 8 Uhr in der Instruktionsstunde (Stube Nr. 141) bei einer Unterweisung über die Fremdenlegion die Worte gebracht hat:
«Diese Leute (die Fahnenflüchtigen) haben keine andere Ehre, als unter der französischen Fahne zu dienen. Auf die französische Fahne könnt ihr meinetwegen sch....» (Unterschriften). (Zaberner Anzeiger, 21. November 1913)

Haussuchung im Zaberner Anzeiger. Die Militärjustiz ist nicht nur brutal, sie ist auch furchtbar naiv. Denn sonst wüßte sie, was der jüngste Referendarius weiß, daß keine Redaktion so dumm ist, und den Herren hübsch parat Schriftstücke irgendwelcher Bedeutung zum Zugreifen hinlegt.

Wenn die bisherigen Maßregeln des Herrn Obersten von Reuter gegen die elsässischen Soldaten sich vielleicht durch die Militärgesetze rechtfertigen lassen, so hat seine neueste Anordnung gezeigt, daß man auch auf ungesetzlichem Wege zum Ziel gelangen sucht, «um alle zur Strecke zu bringen, vom Feldwebel bis zum letzten Mann». Durch das lässige Vorgehen unserer Zivilregierung haben wir es ja in Elsaß-Lothringen herrlich weit gebracht. Die militärische Nebenregierung glaubt sich

Diese Ansammlungen sind zweifellos zurückzuführen auf die verhetzenden Artikel des «Zaberner Anzeigers». So oft er erschien, brachte er gehässige Artikel und ließ sie sogar öffentlich anschlagen. (Neue Preußische Zeitung, 1914)

nachgerade alles erlauben zu dürfen und schreckt sogar vor einer offensichtlichen Rechtsbeugung nicht zurück.
Am Samstag (den 22. 11.) spät am Abend drangen auf Befehl des Herrn Obersten von Reuter in unser Geschäftshaus 1 Offizier und 4 Gendarmen ein und durchwühlten die Druckerei und Privatwohnung nach einem Schriftstück, mit dem der Herr Oberst die jungen, in der Militärjustiz unerfahrenen Rekruten zur Strecke und vielleicht für mehrere Jahre auf Festung zu bringen hoffte. Uns kann es ja gleich sein, wenn der Herr Oberst keine Gelegenheit vorübergehen läßt, sich eine Blöße zu geben und Ratlosigkeit und Ohnmacht immer wieder von neuem zu dokumentieren. Nun, seine Anstrengungen fruchteten nichts. Obwohl wir gesetzlich berechtigt gewesen wären, den Abgesandten des Herrn Oberst die Türe zu weisen, mußten wir der Militärgewalt uns fügen und eine Ungesetzlichkeit über uns ergehen lassen. Gewalt ging wieder einmal vor Gesetz. (Zaberner Anzeiger, 25. November 1913)
34

" . . . Da kamen sie zu fünft, um einen Zettel zu suchen - in einer Buchdruckerei! Ich war damals 12 Jahre. Der Erich, der hatte gern ein bißchen Radau, der hat gesagt: 'Fünf kommen, um einen Zettel zu suchen in einer Buchdruckerei.' Sie haben in den ganzen alten Sachen auf den Schränken gewühlt, daß der Staub flog, daß sie sich die Brillen putzen mußten, wo sie die alten Zeitungen durchwühlt haben.
Wir hatten ein Tintenfaß mit dem Kaiserkopf, da kamen die und haben gefragt, wo die Artikel geschrieben worden wären. 'Da', sagte ein Bruder, 'hier vor dem Kopf seiner Majestät.' Dabei war das Papier in einem ganz andern Geschäft in einem Schaufenster versteckt. Da haben sie gesagt, daß sie den 'Zaberner Anzeiger' verbieten würden . . . " (Germaine Wiebicke, im Juli 1982)

Grobe Beleidigung. Mülhausen, 24. November. Eine Woche Gefängnis für den Ausdruck «Wackes» erhielt ein Arbeiter, der einem Spengler anläßlich des Lohnkampfes der Zimmerer am Theaterumbau zugerufen hatte: «Du bist ein Wackes, wenn du schaffst!» Der Staatsanwalt bezeichnete das Wort «Wackes» als grobe Beleidigung. (Germania, 26. November 1913, Abendausgabe)

Schlägerei. Im übrigen verschärft sich der Gegensatz zwischen Bevölkerung und Militär in den Reichslanden immer mehr. So wird aus Straßburg folgender Vorfall berichtet: Im Vorort Ruprechtsau kam es am Sonntagabend in einem Tanzsaal zu einer folgenschweren Schlägerei zwischen Soldaten des Fußartillerieregiments Nr. 10 und Zivilisten. Es fielen scharfe Worte. Schließlich zogen die Soldaten blank. Dabei wurde ein Schmied namens Müller durch einen Säbelhieb auf den Kopf schwer verletzt, ein anderer Zivilist trug leichtere Verletzungen davon. Die Polizei mischte sich schließlich hinein und trieb die Streitenden auseinander. Wie verlautet, soll die Erörterung der Zaberner Vorfälle, die überall lebhaft besprochen werden, den Anlaß zu einem Wortstreit gegeben haben, der in Tätlichkeiten ausartete. Der verletzte Schmied Müller hatte sich in den Streit hineingemischt, an dem er ursprünglich nicht beteiligt war.
Bei der Hetzarbeit der elsaß-lothringischen Politiker ist es nicht zu verwundern, daß derartige Schlägereien zwischen Militär und Zivil vorkommen. Wann wird endlich eine starke Faust in dem Reichslande Ordnung schaffen? (Neue Preußische Zeitung, 26. November 1913, Abendausgabe)

Geisterhafte Stimme. Nach dem Vorbild ihres großen Chefs gingen gestern nach einem Liebesmahl, bei dem bekanntlich tüchtig getrunken wird, die bekannten «13-Markoffiziere» auf die Wackesjagd und führten in ihrer Mitte Leutnant von Forstner mit sich. Die provozierende Haltung der Gestalten erregte selbstverständlich großes Aufsehen, oft auch Heiterkeit. Als einer der Herren stehen blieb und mit Hand am Säbel sich gegen die Menge wendete, antwortete ihm schallendes Gelächter, worauf er zunächst zu Herrn Oberst von Reuter eilte und 5 Minuten hernach mit 4 Mann der Wache mit aufgepflanzten Bajonetten erschien und über den Schloßplatz spazierte. Er trat auf einen von der Bahn kommenden Bäckergesellen zu und ließ ihn ins Schloß abführen.

Herr Oberst von Reuter nahm ihn in Empfang und sagte: «Das ist Recht, holen Sie noch einen!»

Nachdem der junge Mann seinen Namen angegeben hatte, wurde er wieder entlassen.

Derweil zog Herr Leutnant Schadt auf neue Abenteuer aus. Der Aufzug lockte auch aus dem bekannten ‹Restaurant zum Karpfen› einige Gäste auf die Treppe vor die Türe. Der Herr Leutnant schritt mit seinen Beschützern auf die Gruppe zu, packte einen ruhig auf der Treppe stehenden Bürger an der Brust und riß ihn zwischen die Soldaten. Als Grund, weshalb er sich diese Verhaftung erlaubte, gab der Herr Leutnant wörtlich an: «Einer aus der Gruppe hat gelacht.»

Die Menschenmenge, neugierig, was mit den Verhafteten geschehe, folte vor die Schloßwache.

Die geisterhafte Stimme des Herrn Obersten rief der Patrouille zu: «Sie haben jeden zu verhaften, der lacht.» Der hinzukommende Verleger des ‹Zaberner Anzeiger›, Stadtrat Wiebicke, machte seinen persönlichen Einfluß auf die Menge geltend und beruhigte die empörten Massen, sodaß sie freiwillig den Schloßplatz räumten. (Zaberner Anzeiger, 27. November 1913)

Kleine Anfrage. Thumann (Gebweiler), Abgeordneter: «Ist dem Herrn Reichskanzler bekannt, daß im Infanterieregiment Nr. 99 in Zabern i. Els. ein Offizier gegenüber elsaß-lothringischen Soldaten höchst beleidigende und die Gefühle der gesamten elsaß-lothringischen Bevölkerung auf das schwerste verletzende Ausdrücke sich hat zu schulden kommen lasse, ohne daß die Militärbehörde für genügende Sühne gesorgt hat?

Was gedenkt der Herr Reichskanzler zu tun, um die elsaß-lothringischen Soldaten vor solchen Insulten und die Bevölkerung Elsaß-Lothringens vor derartigen Herausforderungen zu schützen?»

v. Falkenhayn, Generalleutnant, Staats- und Kriegsminister, Bevollmächtigter zum Bundesrat für das Königreich Preußen: «Meine Herren, die Anfrage betrifft einerseits Vorgänge, die sich innerhalb des Infanterieregiments Nr. 99 abgespielt haben, und andererseits die Wirkungen, die diese Vorgänge auf einen Teil der Bevölkerung des Reiches ausgeübt haben.

Was die militärischen Vorgänge anlangt, so ist urbi et orbi bekannt, daß Ungehörigkeiten in der Armee, mögen sie sich richten, gegen wen sie wollen, nicht geduldet werden. Es ist ebenso allgemein bekannt, daß gegen jeden, der einen Untergebenen vorschriftswidrig behandelt oder beleidigt, auf Grund des § 121 des Militärstrafgesetzbuches in Verbindung mit § 3 des Einführungsgesetzes dazu strafend eingeschritten werden muß. Unter dieses Gesetz fallen zweifellos beleidigende Ausdrücke, und um so mehr, wenn durch sie landschaftliche Empfindungen berührt werden, und sie deshalb auch noch geeignet sind, Spaltungen unter die Mannschaften zu tragen. Das Einschreiten des Vorgesetzten erfolgt, sobald der Vorgang, ganz gleich auf welchem Wege, zur Kenntnis des Vorgesetzten gekommen ist, nach ordnungsmäßiger Untersuchung. Eine Nachprüfung des so Veranlaßten ist Pflicht der höheren Vorgesetzten. Im besonderen unterliegt die Frage, ob eine für derartige Ausdrücke verhängte Strafe eine genügende Sühne sei, ausschließlich ihrer Beurteilung. Ich als Vertreter der Heeresverwaltung bin also nicht befugt, hier näher darauf einzugehen.

Daß eine Beleidigung oder gar eine Herausforderung der Bevölkerung vorgekommen sein soll, ist — wie ich Ihnen gleich nachweisen werde — nicht zutreffend.

(Lachen bei den Sozialdemokraten. — Zurufe: ‹Sie müssen es ja wissen!›)
Zunächst ist festzustellen, daß die beanstandeten Ausdrücke ohne die geringste Beziehung auf die Bevölkerung gebraucht worden sind,
(Zurufe von den Sozialdemokraten: ‹Na! na!› — Unruhe)
und ohne daß der, dem sie zur Last gelegt werden müssen, auch nur im entferntesten vermutete, daß sie in die Öffentlichkeit getragen werden könnten.

(Lachen links, im Zentrum und bei den Elsaß-Lothringern. — Zurufe von den Sozialdemokraten: ‹Ahnungsloser Engel! Hinter Kerkermauern kann man beschimpft werden!›)
— Wenn die Herren vielleicht die Güte haben, mich erst ausreden zu lassen! Ich bin ja gleich fertig. — In der Tat ist es ja auch nur dadurch geschehen, daß Soldaten ihre Dienstpflichten zu wiederholten Malen gröblich verletzt haben.
(Unruhe links.)

In dem Reichstage des Volkes der allgemeinen Wehrpflicht, dem die Begriffe der Kameradschaft und der Pflicht in Fleisch und Blut übergegangen sind, glaube ich, mich jedes Kommentars hierzu enthalten zu sollen. (Zustimmung rechts. — Widerspruch bei den Sozialdemokraten.) Ferner ist erwiesen, meine Herren, daß der höchst beleidigende Sinn, der dem Ausdruck vielfach untergelegt wird, dem Offizier ganz fremd war.» (Reichstagssitzung vom 28. November 1913)

Notwendige Gänge. Es erregte schon gerade Aufsehen genug, wenn wir mit unserer ‹Eskorte› die Straßen passierten. Selbstverständlich lag es uns fern — und wurde auch vom Regimentskommandeur nicht gewünscht — zu provozieren; aber schließlich hatte man doch hin und wieder notwendige Gänge, z.B. zum Friseur usw., in der Stadt zu erledigen. Die Zeitungen machten sich natürlich darüber lustig; und durch ganz Deutschland ging in jenen Tagen die Nachricht, daß der Leutnant Freiherr von Forstner unter Bedeckung von vier bis an die Zähne bewaffneten Soldaten Schokolade einkaufen ginge. Interessant war es besonders, wenn wir beide uns zufällig einmal auf der Straße begegneten. Da wir selbstverständlich mit unseren Soldaten auf dem Bürgersteige gingen, hatte es mitunter seine Schwierigkeiten, glatt aneinander vorbeizukommen, zumal die Straßen doch stets recht belebt waren. (Höflich, a.a.O., S. 116f.)

Und abends Schokolade. Abgeordneter Peirotes (Elsaß): «Der Herr Kriegsminister hat, wie ich schon sagte, eine Entschuldigungsrede am letzten Freitag (28. 11.) hier gehalten, und er ist mit schuld an den Vorgängen, die am Freitag abend sich ereignet haben.
(‹Sehr richtig!› links.)
Der Herr Kriegsminister hat dadurch, daß er mittags um 1 Uhr hier eine Rede hielt, in welcher er den Leutnant v. Forstner gewissermaßen deckte, dem Herrn das Rückgrat gesteift.
(‹Sehr richtig!› links.)
Nachmittags um 4 Uhr hatte man in Zabern bereits die Nachricht von der Rede, die hier gehalten wurde, und abends um 7 Uhr ist er dann Schokolade kaufen gegangen.
(Heiterkeit.)» (Reichstagssitzung vom 3. Dezember 1913)

Vorgeplänkel. Dem neuen Zaberner Zwischenfall, der damit endete, daß das Militär kurzerhand friedliche Bürger von der Straße weg verhaftete, kommt doch eine größere Bedeutung zu, als es nach den ersten kurzen Berichten scheinen konnte. Offiziere des Zaberner Regiments hatten am Nachmittag eine Abschiedsfeier für einen nach Afrika reisenden Kameraden veranstaltet und dabei bis zur Abfahrt des Zuges, 8 Uhr abends, zusammengesessen.

Auf dem Nachhauseweg vom Bahnhof, auch Leutnant v. Forstner befand sich unter den Offizieren, folgte diesen eine Schar Kinder, die den Offizieren Worte nachriefen, die sich namentlich auf die von Leutnant v. Forstner in der bekannten Fahnengeschichte gebrauchte Wendung bezogen. Einer der Offiziere blieb, wie unser Straßburger Korrespondent meldet, in drohender Haltung, die Hand am Degen, stehen, was mit schallender Heiterkeit aufgenommen wurde. Ein anderer holte von der Wache vier Mann, die mit aufgepflanztem Seitengewehr Jagd auf die Jugend machten, was wiederum Heiterkeit erregte. Durch den entstandenen Lärm aufmerksam gemacht, eilten die Gäste aus der Wirtschaft ‹Zum goldenen Karpfen› hinzu und betrachteten das Schauspiel von einer kleinen Vortreppe aus. Plötzlich trat Leutnant Schadt mit der Patrouille auf die Gruppe zu und verhaftete einen Bankbeamten. Als Grund gab er später an, daß in der Gruppe gelacht worden sei, und daß er deshalb aufs Geratewohl einen herausgegriffen habe. Dem Verhafteten wurde nicht einmal Zeit gelassen, seinen Hut aus der Wirtschaft herauszuholen, vielmehr wurde er vom Platz weg zur Wache geführt. Die Patrouille, die unter Führung des Leutnants Schadt ziellos in den Straßen auf und ab marschierte, zog sich dank der Bemühungen des Kreisdirektors Mahl zurück. Auf Veranlassung des Kreisdirektors, dem die Handhabung der Ortspolizei zukommt, wurde auch der verhaftete Bürger wieder auf freien Fuß gesetzt. (Frankfurter Zeitung, 28. November 1913, Abendausgabe)

Sergeant Höflich. Der Aufstand vom 28. November. Der Schloßplatz vor der Kaserne war schwarz von Menschen. Die Kaserne schien buchstäblich belagert. Gegen 8 Uhr kam plötzlich Bewegung in die Massen, Schreie und Rufe ertönten. Ein Offizier war angegröhlt und mit Steinen beworfen worden.

Der Leutnant hatte den Übeltäter festgenommen und zur Wache gebracht. Das war für die Masse das Signal zum Sturm. Man drängte nach der Kaserne und verlangte unter Geschrei und Gezeter die Herausgabe des Verhafteten. Man machte Miene, die Kaserne zu stürmen!

Der ‹Posten vor Gewehr› wurde hinter das Gittertor zurückgezogen und dieses geschlossen. Oberst von Reuter, der in der Kaserne wohnte, wurde sofort benachrichtigt und erschien bei der Wache. Nachdem er sich über die Sachlage orientiert hatte, gab er einem Offizier Befehl, mit fünfzig Mann der Wachverstärkung den Schloßplatz zu räumen.

Der Offizier ließ fünfzig Mann ins Gewehr treten, die Tore wurde geöffnet und im «Marsch, Marsch» ging es vor das Tor. Nach dem Kommando «Halt» ließ der Offizier zur Linie aufmarschieren und mit scharfer Munition laden und sichern. Hierauf ging es im Exerzierschritt auf den Schloßplatz. Mit lauter Kommandostimme wurden die Demonstranten aufgefordert, unverzüglich den Platz zu räumen und darauf hingewiesen, daß im Weigerungsfalle nach dem dritten Trommelwirbel scharf geschossen werden würde. Ein unbeschreiblicher Tumult entstand. Die Einsichtigen versuchten vom Platze zu kommen.

Da schlägt der Tambour den ersten Wirbel! Ein ohrenbetäubendes Geschrei erhebt sich, es wird gepfiffen und gejohlt, eine Panik bricht aus! Leutnant von Forstner und ich standen nicht weit vom Oberst entfernt am Kasernentore.

Der Tambour schlug den zweiten Wirbel!

Der Platz ist bis zur Hälfte frei. Da läßt der Offizier die Abteilung ausschwärmen und gibt Befehl, die Schreier zu verhaften. Die Rheinländer machen ganze Arbeit. Schon war der erste Skandalmacher von zwei Soldaten gepackt und wurde unter dem Hallo der Menge nach der Kaserne geführt. Als der Oberst den Verhafteten kommen sah, rief er den Soldaten zu: «Marsch, Marsch mit dem Kerl!» Währenddessen arretierten und verhafteten die Soldaten, was sie erwischen konnten. Große und Kleine, Alte und Junge, Arme und Reiche wurden zur Wache gebracht. Da die Wachstube die Verhafteten nicht fassen konnte, gab Oberst von Reuter Befehl, die Arretierten in einen Kohlenkeller, den sogenannten «Pandurenkeller» zu bringen.

Jetzt bringt ein Soldat einen Bengel von 15 - 16 Jahren. Ein neben dem Obersten stehender Offizier sagte voll Mitgefühl: «Ach so ein Kleiner!» — «Macht nichts», entgegnete der Oberst, «wenn er auch klein ist, rein mit ihm!» «Nimm die Zigarette aus dem Mund!» ruft er dem Jungen zu. Da der Bengel dies nicht tat, besorgte dies der Soldat.

Von nun an wurden alle Verhaftungen im «Marsch,Marsch» ausgeführt. Einer, der abgeführt werden sollte, hielt sich an einer Straßenlaterne fest. Die Soldaten zerrten an ihm herum, doch um so fester klammerte sich der Arretierte. Da sich die Musketiere keinen anderen Rat wußten, packten sie ihn kurz entschlossen jeder an einem Beine und rissen ihn von der Laterne los.

Zu den bereits ausgeschwärmten fünfzig Soldaten wurden im Laufe der nächsten Stunde, da die Demonstration nicht abflauen wollte, weitere dreißig Mann eingesetzt. In Abteilungen zu je zehn Mann patrouillierten

40

Als gestern nach Beendigung der Turnstunde, die in der städtischen Turnhalle stattfand, die Offiziere sich nach Hause begaben, wurde von Zivilisten hinter ihnen hergeschrien. Die Offiziere ließen die Leute durch Patrouillen festnehmen. Bei dieser Festnahme sammelte sich eine große Menge an, die den Offizieren folgte, und da kein Sicherheitsbeamter anwesend war, trat die Wache ins Gewehr und rückte auf den Schloßplatz vor der Kaserne. Mit Trommelwirbel wurde bekannt gegeben, daß die Straße sofort zu räumen sei. (Germania, 1913) Postkarte, Zabern, 1913

nun insgesamt über achtzig Mann in den Straßen auf und ab. Schutzleute und Gendarmen hatten nichts mehr zu sagen.

Plötzlich erschienen vor der Kaserne der Bürgermeister und der Kreisdirektor. Sie traten auf den Oberst von Reuter zu und begannen nach kurzer Begrüßung mit den Worten: «Herr Oberst, wir wollten darauf aufmerksam machen,...» Weiter kamen sie nicht, denn schon fiel ihnen der Oberst ins Wort:

«Nichts, meine Herren! Vierzehn Tage habe ich es mit angesehen! Jetzt greife ich ein! Sie sollen Achtung und Respekt bekommen vor preußischen Offizieren, vor preußischen Unteroffizieren und vor dem preußischen Staate! Mein Regiment steht nicht zum Hohne hier!»

Darauf gingen die beiden Herren ihrer Wege.

Bald fanden sich vor der Kasernenwache Frauen und Mütter ein, um ihren verhafteten Angehörigen Essen zu bringen und sich nach ihrem Befinden zu erkundigen. Sie wurden alle unverrichteter Dinge wieder weggeschickt. Für die Verhafteten sorgte bereits der Küchenunteroffizier, der für sie Kaffee kochen mußte, und der Bataillonsfourier lieferte das Kom-

41

mißbrot. Da die Arretierten über Nacht im Gewahrsam bleiben sollten, wurde jedem von ihnen eine Decke verabfolgt. Licht und Gelegenheit zum Austreten gab es natürlich nicht.

Bis gegen 10 Uhr abends waren dreißig Personen im ‹Pandurenkeller› eingeliefert. Nach und nach flaute nunmehr die Kampfeslust ab. Ungefähr gegen 11 Uhr waren der Schloßplatz und die Straßen leerer geworden.

Bis in die frühen Morgenstunden hörten wir die Gefangenen in ihrem Gewahrsam patriotische Lieder singen, unter denen das ‹Deutschlandlied› besonders oft ertönte. (Höflich, Affaire Zabern, S. 132 ff)

Menschenjagd. Abgeordneter Röser (Zabern): Der Höhepunkt dieser traurigen Erscheinung, dieses Rechtsbruchs, wurde am Freitag den 28. November erreicht. Ich war am Samstag selbst in Zabern. Ich habe teilweise mit den Verhafteten gesprochen. Die Nachrichten, die ich da erhalten habe, sind haarsträubend gewesen. Unter den Verhafteten, die mit Kolbenstößen nach der Wache geschleppt worden sind,

(lebhafte Rufe: hört! hört!)

die zum Teil unmenschlich behandelt worden sind, befand sich nach meiner Feststellung am Samstag morgen ein Schreinermeister Levy. Er war früher städtischer Feuerwehrmann. Er hörte das Trommeln auf dem Schloßplatze und glaubte, es brennt irgendwo.

(Heiterkeit.)

Er läuft auf die Straße, und als er vor das Haus tritt, soll er verhaftet werden. Er springt ins Haus zurück, und vier Musketiere mit aufgepflanztem Seitengewehr verfolgen ihn bis in den dritten Stock in seine Wohnung.

(Lebhafte Rufe: Hört! hört!)

Seine alte Mutter — 78 Jahre alt — tritt den Soldaten entgegen, und sie halten ihr die vier Bajonette vor die Brust.

(Hört! hört! — Erregte Zurufe von den Sozialdemokraten und von den Elsaß-Lothringern.)

Die Frau wurde ohnmächtig. Der Mann wird heruntergeschleppt und nach der Kaserne in den bekannten Keller gebracht, wo die Leute über Nacht eingesperrt waren. Ein Kind des Mannes liegt vom Schrecken krank darnieder.

Ein anderer Mann, den ich ebenfalls persönlich gesprochen habe, ein Arbeiter Joseph Meyer aus Ottersweiler, einem Nachbarort von Zabern, der in der Fabrik der Gebrüder Kuhn in Zabern beschäftigt ist, wollte nach Hause gehen. Er wird verhaftet. Am andern Morgen kommt seine Frau mit fünf kleinen Kindern den Mann in Zabern zu suchen. Sie ist zur Kreisdirektion gegangen und hat gefragt, was sie eigentlich tun solle. Der Einspruch der Zivilbehörde hat ihr aber nichts genützt. Die Leute wurden alle bis gegen Mittag zurückgehalten und erst dann dem Zivilrichter vorgeführt. Unter den Verhafteten befand sich weiter ein stud. phil. Märtz. Er wurde auf dem Wege zum Bahnhof aufgegriffen und über Nacht in die Kaserne gesperrt.

(Heiterkeit.)

Sogar einen kleinen Jungen, der ein Heft holen wollte — 9 Jahre alt! — hat man ergriffen.

(Hört! hört! und große Heiterkeit. — Zuruf von den Sozialdemokraten: (Helden!)

Man hat ihn aber gleich wieder laufen lassen; das sei noch zur Ehre dieser Menschenjäger gesagt.

Ein Mann namens Aron hatte Zahnschmerzen und wollte zur Apotheke gehen, um sich ein Mittel gegen Zahnschmerzen zu holen. — Er wurde über Nacht in die Kaserne gesperrt!

(Hört! hört! und große Heiterkeit.)

Herr Guillot, der Redakteur des ‹Zaberner Wochenblatts›, des einzigen konservativen Blattes im Wahlkreise Zabern, wurde ebenfalls ergriffen auf einem Gange in die Stadt.

(Große Heiterkeit links.)

In seinem Wochenblatt hat er zwei Tage später oder in der nächsten Nummer die Verhaftungsszene geschildert, wie sie ihm zugestoßen ist.

(Zuruf rechts: Lesen Sie es einmal vor!)

Er schreibt darin, nur auf den Einspruch oder auf Verwendung eines Gendarmeriewachtmeisters wurde er wieder entlassen, und sein Glück ist es gewesen, daß der Leutnant mit seinem Säbel in dem Moment anderswo beschäftigt war.

(Hört! Hört! — Heiterkeit links.)

Sonst wäre er wahrscheinlich auch in den Keller gesperrt worden. Der Maschinist des städtischen Schlachthauses — Fritsch — wurde ebenfalls eingesperrt; am anderen Morgen war die Kühlanlage im Schlachthaus warm. Und um allem die Krone aufzusetzen: der Staatsanwalt Dr. Kleinböhmer wurde verhaftet. Er hat sich zu erkennen gegeben und wurde sofort wieder freigelassen.

(Hört! Hört!)

Der Landgerichtsrat Dr. Kalisch, der aus dem Landgerichtsgebäude von einem Prozeß herauskam, der bis spät abends gedauert hatte, wurde von dem Leutnant verhaftet. Zwei andere Landgerichtsräte, die dabei waren, erklärten sich selbst für verhaftet, wenn ihr Kollege zur Wache müsse.

(Lachen und Unruhe links. — Glocke des Präsidenten.)

Präsident: Meine Herren, ich bitte um Ruhe.

Röser, Abgeordneter: Alle drei wurden erst auf Verwendung des Herrn Landgerichtspräsidenten am selben Abend wieder freigelassen, die übrigen Leute hat man aber dabehalten. Man hat sie in ein nasses Loch in der Kaserne, in einen Kohlenkeller Nr. 40 der Kaserne — er ist ungefähr 20 Quadratmeter groß, hat keinen Fußboden, keine Lüftung und keine Heizung — der Reihe nach, wie sie kamen, hineingesperrt, bis das Loch voll war.

(Unerhört!)

Es waren 18 Personen darin, sie konnten sich weder setzen noch legen.

(Zuruf links: Schlimmer wie in Sibirien!)

Sie durften nicht einmal austreten,

(hört! hört!)

sie durften nicht einmal ihr natürliches Bedürfnis draußen verrichten, sie mußten es in einer Ecke dieses Raumes tun.

(Lebhafte Pfuirufe links.)

Gegen 10 Uhr nachts hat man jedem endlich, als sie schon halb erfroren waren, zwei Decken gebracht, in die sie sich dann notdürftig einhüllen konnten. Am selben Abend hat man auch das Postamt militärisch besetzt. Keine Nachricht durfte weder angenommen noch herausgegeben werden.

(Hört! hört!)

Der Vertreter der Zivilbehörde begab sich sofort zum Obersten und protestierte gegen diese Maßnahmen des Herrn v. Reuter. Vergeblich, meine Herren! Der verhaftete Amtsgerichtsrat und seine Kollegen erklärten sich zur Vernehmung der verhafteten Personen bereit. Vergeblich, meine Herren! Sie wurden abgewiesen. Sogar der Oberst erklärte dem Vertreter der Zivilbehörde und dem Herrn Staatsanwalt, der ihm für sein Vorgehen Vorhaltungen machte, er habe nach niemand was zu fragen, er handle auf höheren Befehl.

(Hört! hört! links. — Zuruf: Wer hat den Befehl gegeben?)

— Deimling natürlich! Am Samstag gegen Mittag, um 11 Uhr hat man die Verhafteten einzeln unter Bedeckung von vier Bajonnetten zum Zivilrichter gebracht, wo sie sofort vernommen und freigelassen wurden.

Am Mittag hat die Zivilbehörde den Obersten wissen lassen — das geschah im Einverständnis mit dem Ministerium in Straßburg —, daß sie allein die Verantwortung für die Aufrechterhaltung der Ordnung in Zabern übernehme, und daß sie vom Herrn Obersten v. Reuter erwarte, daß er seine Soldaten von der Straße weglasse. Aber am selben Abend gingen wieder Patrouillen mit scharf geladenem Gewehr durch die Straßen von Zabern. (Reichstagssitzung vom 3. Dezember 1913)

44

"...Als die Sache mit dem Pandurenkeller war, war ich zu Hause, und unten am Schloßplatz, da hörte man was. Da hat man gedacht: Was ist los?, ist rausgegangen. Meine Mutter und ich haben auf der Terrasse gestanden, da sahen wir die Truppen raufkommen, die Hauptstraße hoch, den Helm mit Sturmband, das Bajonett aufgepflanzt und der Schadt vorn mit dem Säbel und dann von einem Haus ins andere, haben die Leute vorgeschoben. Und dann kamen sie bis an unser altes Haus, bis an den Brunnen, und da stand ich dann mit anderen Kameraden.
Da war an diesem Tag auch eine Sitzung der Strafkammer, da war jemand angeklagt von Saarburg, der war auf der Jagd gewesen in Dachsburg und hatte eine alte Frau, die Holz geholt hatte, von weitem als Hirsch angesehen und drauf geschossen, hat die Frau totgeschossen. Ja, und die Sitzung dauerte also lange und war eben fertig gewesen, als der Richter verhaftet wurde. Das hab ich gesehn, das war vis-a-vis. Dann, als die auf unserer Höhe waren, kommandierte der Schadt: 'Alles kehrt!' und dann hat einer gelacht, und da rief Schadt: 'Verhaften Sie den Mann!' und da gings los. Schadt stürmte mit 4 Mann unser altes Haus, an mir vorbei, mich haben sie vergessen. Ein Mann aus Ottersweiler, der in der nebenan liegenden Apotheke Arznei holen wollte, war schon abgeführt. Meine Mutter und meine Schwester hielten die Haustür von innen zu. Der Leutnant und ein Soldat drückten von außen. Sie waren stärker, die Tür gab nach. Als er sich nur vor zwei Frauen sah, zog sich Schadt zurück. Die Soldaten liefen in den zweiten Stock. Ein Mieter, Emile Levy, der seine Tür öffnete, als er den Radau hörte, wurde im Flur verhaftet und als seine 80jährige Mutter auch ihre Tür öffnete, um zu sehen, was los war, sah sie sich einem Bajonett gegenüber, das einer der Soldaten ihr vor die Brust hielt. Levy wurde unsanft auf die Straße befördert; er zog sich eine Verstauchung des Fußgelenks zu..." (Joseph D. Heyl, im Juli 1982)

Mitbürger! Mit Rücksicht auf die gestrigen Vorfälle wiederhole ich nochmals die Aufforderung, sich nicht in Gruppen auf der Straße aufzuhalten, sondern ruhig des Weges zu gehen. Die städtische Polizei mit Verstärkung durch die Gendarmerie unter der Führung eines Polizeikommissars ist mit der Aufrechterhaltung der Ruhe und Ordnung auf den Straßen beauftragt. Es liegt in aller Interesse, daß den Anordnungen der Polizei unbedingt Folge geleistet wird, damit Schweres verhütet wird.

Bleibe jeder, der nicht unbedingt in der Stadt zu tun hat, zu Hause und von der Straße weg, jedenfalls aber beachte man die Weisungen der Polizei sofort und ohne Widerspruch. Beherzigt die Worte: Ruhe ist des Bürgers erste Pflicht, und bewahrt Euer kaltes Blut.
Zabern, den 29. Nov. 1913. Der Bürgermeister: Knoepffler. (Zaberner Wochenblatt, 29. November 1913)

Gegen den Militarismus. Mit der Parole: «Gegen den Militarismus! Gegen Krupp-Skandale und Zaberner Offiziersausschreitungen!» hatte der Vorstand des sozialdemokratischen Vereins Mülhausen i. Els. auf Donnerstag, den 27. November, abends ½ 9 Uhr, eine öffentliche Versammlung einberufen. Nicht genug damit, daß die Polizeidirektion das Anschlagen der Plakate wegen der Worte «Zaberner Offiziersausschreitungen» untersagte, hat das Garnisons-Kommando auch noch den Einberufern den Saal abgetrieben, indem es dem Wirt für den 27. Januar (Kaisers Geburtstag), an dem das betreffende Etablissement «Wintergarten» bisher alljährlich mehrere Kompagnien zur Bewirtung zugewiesen bekam, ein Militärverbot ankündigte. Zugleich wurde ihm bedeutet, daß der allgemeine Militärboykott für sein Lokal erwogen werden würde. Der Vorstand des sozialdemokratischen Vereins hat daraufhin eine Massenprotestversammlung auf nächsten Sonntag Vormittag in die mehr als 10.000 Personen fassende städtische neue Markthalle einberufen. (Vorwärts, 29. November 1913)

Größte Ruhe. 29. November. Aus Zabern wird gemeldet: Heute Mittag sah ein junger Mann aus dem Laden des Beigeordneten Kuntz auf die Straße und lachte dabei. Ein Leutnant sah dies und requirierte sofort Mannschaften, die eine Haussuchung bei dem Beigeordneten vornahmen. Der Beigeordnete Kuntz machte den Offizier darauf aufmerksam, daß er den jungen Mann selbst zum Amtsgericht führen werde. Der 15jährige Junge wurde daraufhin arretiert und sofort wieder entlassen. Trotzdem die größte Ruhe in der Stadt herrschte, ziehen doch Patrouillen durch die Stadt. Der Kreisdirektor hatte sich mit dem Polizeidirektor Mandel in Verbindung gesetzt und dem Regimentsbureau Mitteilung gemacht, daß die Polizeiaufsicht, die von Straßburg verstärkt wurde, durch Zivilgewalt ausgeübt werde. Trotzdem gingen Patrouillen durch die Stadt. Bei den gestrigen Attacken tat sich ein junger Leutnant Dicourt, der seit sechs Tagen erst Offizier ist, ganz besonders hervor. Es gelang ihm sogar, einen 5jährigen Jungen festzunehmen. (Vorwärts, 30. 11. 1913)

46

Im «Marsch-Marsch» rückte die Armee weiter vor in die Hauptstraße und besetzte sie in ihrer ganzen Breite. Die Passanten flüchteten vor Schrecken. Einige Personen retteten sich in das Manufakturgeschäft Schlamme. Vom nachfolgenden Militär wurden hier Fensterscheiben eingeschlagen. Beim Hutgeschäft Heyl standen mehrere Personen. Ein Mann lachte. Der zunächststehende, der nicht gelacht hatte, wurde vom Militär verhaftet. (J. Kaestlé)

Spielverbot. Straßburg i. E., 30. November. Wie aus Zabern berichtet wird, beabsichtigte der Gesangverein ‹Harmonie› gestern abend ein Konzert zu veranstalten. Dies mußte aber in letzter Stunde abgesagt werden, da Oberst v. Reuter am Nachmittag den Militärmusikern verboten hatte, im Orchester mitzuwirken. (Neue Preußische Zeitung, 1. Dezember 1913, Abendausgabe)

Neue Verhaftungen. Straßburg (Els.), 30. November. Die Straßen in Zabern waren heute dicht von Leuten, die ihre Weihnachtseinkäufe besorgen wollten, gefüllt. Obwohl der Kreisdirektor darum gebeten hatte, daß deshalb das Militär im Interesse der öffentlichen Ruhe nicht zu Patrouillengängen auf der Straße verwendet werden solle, wurden doch überall Soldaten mit aufgepflanztem Bajonett gesehen. Als ein Bäckerjunge vor der Hauptwache laut auflachte, wurde er verhaftet. Sein Bruder, gleichfalls ein Junge, der sich nach dem Grunde erkundigen wollte, wurde ebenfalls festgenommen. Ein Bürger, der ruhig seines Weges ging, wurde von Soldaten mitgenommen, angeblich weil er über einen Leutnant gelacht hatte. Nachdem die Verhafteten einige Stunden auf der Hauptwache festgehalten waren, kam heute abend um 10 Uhr in das Bezirksgefängnis der Kreisdirektor, der sich für die Leute verwenden wollte; es gelang ihm jedoch nicht, die Befreiung der Verhafteten zu erwirken. Die Kunde von den neuen Verhaftungen hat in der Bevölkerung die größte Aufregung hervorgerufen. (Germania, 1. Dezember 1913, Abendausgabe)

Auf freiem Raum. Die Leute beginnen sich freier zu bewegen, nur der Platz vor dem Schloß, in dem sich die Kaserne befindet — etwa in der Mitte der Stadt —, dieser Platz ist leer. Die Menge verharrt in scheuer Distanz und lugt hinüber zu den beiden Soldaten, die als Schildwachen vor dem Tor stehen. Ein paar halbwüchsige Jungen sind mutiger und beginnen auf dem freien Raum zu tollen, sie schreien nach Jungenart und haschen sich, ihr Treiben ist wahrhaftig äußerst harmlos. Doch sogleich stellt sich einer der zwölf Gendarmen ein, die zur Verstärkung der nur vier Mann betragenden einheimischen Polizei aus Straßburg entsandt wurden, und kaum nähert sich der Gesetzeswächter, stiebt die Jugend schnell nach allen Richtungen davon.
Da, etwa 4 Uhr nachmittags, durcheilt die Kunde die Stadt, daß wiederum eine ungesetzliche Verhaftung vorgenommen worden sei. Irgendein Mann wurde ohne Angaben von Gründen vom Flecke weg in die Kaserne

48

abgeführt. Da sieht man auch schon neue Patrouillen die Straßen durch-ziehen, mit aufgepflanztem Bajonett, als ob die Stadt in Feindeshänden wäre, schreiten die Soldatenabteilungen, je 4 Mann, dahin, und alles weicht zur Seite. Auch die Offiziere, die während des Tages unsichtbar waren, tauchen auf, und am meisten ist man darüber empört, daß gerade die Leutnants von Forstner und Schadt, die Helden vom Freitag, sich in fast demonstrativer Weise der Öffentlichkeit zeigen. Die Bürgerschaft von Zabern ist überhaupt — ob mit Recht oder Unrecht läßt sich nicht fest-stellen — der Ansicht, daß sich das Militär nicht nur terroristisch gebärde, sondern eine ausgesprochen provokatorische Haltung einnehme. (National-Zeitung, 30. November 1913)

"... Diese Postkarten zeichnete ein Freund meiner Brüder bei uns in der Druckerei. Er unterzeichnete sie mit L. M. Nancy. Das war ein Trick, in Wirklichkeit war er der Sohn des Gefängnisdirektors, eines Altdeutschen. Die Karten wurden bei uns gedruckt und wie frische Wecken in der Straße gekauft ..." (G. Wiebicke, im Juli 1982)

Joseph Kaestlé. Die Schlacht von Dettweiler. Der Leutnant von Forstner, der, wie sich nachträglich herausstellte, mit 6 Tagen Stubenar-rest bestraft worden war, trat jetzt wieder in Tätigkeit und sorgte für eine weitere Ueberraschung. Von der 5. Kompagnie, die er in der bekannten Weise instruiert hatte, wurde er weggenommen, um mit der Führung der 4. Kompagnie betraut zu werden.

Am 2. Dezember, vor 7 Uhr morgens, marschierte er mit seinen Soldaten durch Dettweiler. Es war die Zeit, wo viele Bewohner des Dorfes sich in die dortige Schuhfabrik zur Arbeit begaben. Offenbar war der Leutnant von einigen jungen Burschen erkannt worden, die ihn, den Beleidiger der Elsässer, mit höhnischen Worten belegten. «10 Mark-Leutnant», «Bettsch....» und ähnliche Worte wurden laut.

Unser Leutnant, nicht faul, gab den Befehl, die Demonstranten zu verhaften. Aber diese waren schneller als die Soldaten und zahlten Fersengeld. Nur ein Unschuldiger wurde gefasst, der 19jährige Fabrikschuster Blank, der nicht Reissaus nehmen konnte, weil er lahm war. Blank suchte sich der Verhaftung zu entziehen, aber der Fahnenjunker Wiesz hielt ihn fest, trotzdem Blank erklärte, dass er sich an den Rufen nicht beteiligt habe.

Auf der Bildfläche erschien bald der Leutnant von Forstner und befahl dem jungen Blank, mit ihm ins Gemeindehaus zu kommen, damit er protokolliert werden könne. Blank wehrte sich und beteuerte immer wieder seine Unschuld. Es gelang ihm jetzt, einen Arm frei zu bekommen, als plötzlich der Leutnant von Forstner — den Säbel aus der Scheide zog und dem Blank einen so mächtigen Hieb über die Stirne versetzte, dass Blank die Besinnung verlor und zu Boden fiel!

Die Wunde war 10 Zentimeter lang und blutete stark. Nachdem Blank wieder zu Besinnung gekommen war, liess er sich ruhig zum Bürgermeister North führen, der aber noch im Bett lag und schlief. Als er gekommen war, wurde das Protokoll aufgenommen, wobei der Fahnenjunker in der Hauptsache das Wort führte. Trotz der frühen Morgenstunde war der Vorfall im Dorf schnell bekannt geworden, und von allen Seiten erschienen die Dorfbewohner vor dem Bürgermeisteramt. Aber der Leutnant von Forstner hatte bereits seine Befehle erteilt. An allen Eingängen standen Posten mit aufgepflanztem Seitengewehr, und keiner durfte eintreten, selbst nicht die Familie des Verwundeten.

Zu allem Unglück tauchte plötzlich Oberst von Reuter mit seinem Adjudanten auf. Der Regimentskommandeur liess sich vom Leutnant berichten, und sofort erhielt der Adjudant den Befehl, im gestreckten Galopp zurückzureiten und Verstärkung herbeizuholen. (Kaestlé, Ein Sturmsignal aus dem Elsaß, S. 78ff)

Sergeant Höflich. Im Laufschritt. Ich befand mich um diese Zeit auf dem Kasernenhofe und übte mit der neuen Wachtmannschaft Wachtdienst. Bei einem zufälligen Blick aus dem Kasernentor sah ich einen Offizier im gestreckten Galopp angejagt kommen. Bald erkenne ich den Regimentsadjutanten. Er sprengt auf den Hof und pariert mit kurzem Ruck

das Pferd. Auf seine Frage, was das für Leute seien, mit denen ich exerzierte, gab ich ihm Bescheid. Darauf kurzer Befehl: «Im Laufschritt nach Dettweiler, am Schießstande scharfe Munition mitnehmen!» — Auf der Hinterhand «Kehrt» und hinweg stob er, wie er gekommen war. Ich mit der Abteilung ohne Besinnen hinter ihm drein. — Laufschritt! — Schritt! — Laufschritt! — Schritt! immer abwechselnd, aber meist im Laufschritt. Der Soldat soll zwar nur denken, wenn es notwendig ist, aber sapperlot, ich dachte doch, obgleich es nicht notwendig war. Im Laufschritt nach Dettweiler, scharfe Munition mitnehmen, darüber muß man schon mal nachdenken! Was mag bloß da schon wieder los sein? Doch schon stehen am Grabenrand Leute mit offenen Patronenkästen. Ich lasse ein Glied formieren, und im Vorbeilaufen muß jeder soviel Patronen nehmen, wie er fassen kann. Sie werden in die Hosentasche gesteckt. Weiter! noch drei Kilometer! Laufschritt, Marsch, Marsch! — Wir waren am Dorfrand, als uns der Oberst entgegengeritten kam. Ich lasse halten und mache Meldung. Der Oberst machte lächelnd eine Bemerkung, daß gerade ich wieder dabei sei und sagte dann, ich könne wieder abrücken, es wäre schon alles erledigt. Wir machten kehrt und zogen ab.
Bis jetzt hatte ich noch immer keine Ahnung, weshalb ich eigentlich nach Dettweiler mußte. Erst als ich wieder in der Kaserne war, erfuhr ich von dem Vorfall. (Höflich, Affaire Zabern, S. 148f.)

Aus dem elsässischen Wildwest. Zabern, 3. Dez. (Privattelegramm). Heute hat Zabern weithin einen kriegerischen Klang. Jeder Reisende, der verrät, daß er sich auf der Fahrt nach Zabern befindet, wird mit dem respektvollen Interesse betrachtet, das Leuten gebührt, die sich in Lebensgefahr begeben. Der Postbeamte, der ein ankündendes Telegramm nach Zabern annimmt, schaut auf und sagt: «Sie gehen in eine gefährliche Gegend.» Der Eisenbahnschaffner, der Auskunft über den Anschluß nach Zabern geben soll, reißt die Augen weit auf, und das ist eine Achtungsbezeugung.
Das friedliche Landstädtchen, das über Nacht eine traurige Weltberühmtheit erlangt hat, erinnert in der Tat an kriegerische Zustände. So war es vor 14 Monaten in Belgrad, als es gegen die Türken ging. Denn auch in Zabern haben Kriegskorrespondenten ihr Hauptquartier aufgeschlagen. Deutsche, französische und englische. Auch in Zabern heimst die Post nie dagesehene Summen für Telephon- und Telegrammgebühren ein. Zabern, die Perle der Vogesen, verdient eine andere Art von Berühmtheit, denn es ist ein schönes und liebliches Plätzchen Erde, mit seinen rund 8.000 Einwohnern, seinem Flüßchen Zorn, seinen Industrien, Steinbrü-

chen, Eisengießereien, Stahlschleifereien, Brauereien, Branntweinbren-
nereien — der Sozialismus allerdings hat kaum Wurzeln geschlagen in
der einheimischen Arbeiterschaft. Ein Handbuch weist aus, daß Zabern
auch in römischen Zeiten, damals tres tavernae, zu deutsch ‹Drei Schenken› genannt, ein wichtiger militärischer Posten an der Straße Metz -
Straßburg war. Das Handbuch verrät, daß die Sterblichkeitsziffer in Zabern 18,9 auf 1.000 Einwohner beträgt. Wenn allerdings dem Wüten des
Militarismus kein Einhalt geschieht, dürfte sich diese Ziffer in Zukunft
erheblich steigern. Das Bezirksgefängnis beherbergt im Durchschnitt 80
Gefangene, in außerdurchschnittlichen Zeiten beherbergt der Keller der
Kaserne auch ihrer 80. Eine Missionsschule ‹Der Väter vom Heiligen
Geist› ist in eine Kaserne verwandelt.

Jetzt aber waltet in der Stadt schrankenlos der unheilige Geist des
Preußentums, des Gendarmenstaates, dessen Gesinnung allerdings das
Gegenteil ihres Zweckes erreicht. Außerdem haben im Jahre 1744 die
Panduren in Zabern gehaust. Der Gründer der Irrenanstalt, Stefan, ist hier
geboren, und das Bischofsschloß, das heute dem berühmtesten Regi-
ment der preußischen Regierung zur Unterkunft dient, wurde im 18.
Jahrhundert durch Brand verwüstet und mußte neu aufgebaut werden.
In all dem steckt ein Stück Symbolik, denn an nichts als an Panduren, an
Anarchie und an Verwüstungen wird man durch das Treiben des Oberst
Reuter und der Seinen erinnert.

Er hat es fertig gebracht, die ruhigen, friedlichen, zahmen Zaberner Bürger gründlich rebellisch zu machen. Es sind in Wahrheit sehr zahme Bürger, die nur ihre Ruhe haben wollen. Das bestätigt Schritt für Schritt, den
man tut, und Wort für Wort, das man hört. Die Angehörigen des Regiments 99 sind vollständig aus dem Häuschen gebracht. Die Straßen sind
verödet, der ruhige Bürger traut sich nicht mehr auf die Straße, die Geschäfte gehen deshalb schlecht und jeder sehnt die schönen Zeiten von
früher zurück. Es gehört viel dazu, diese ruhigen Leute so weit zu bringen.
Ein alter würdiger Graukopf sagte mir mit schmerzbewegter Stimme:
«Ich bin ein alter Soldat, ich habe den Krieg 1870 mitgemacht; solch wil-
de Soldaten wie am Freitagabend auf dem Schloßplatz habe ich damals
nicht gesehen.» Es war also ein historischer Tag, an dem Oberst von Reuter Recht und Gesetz rücksichtslos niedertrampeln, Maschinengewehre
im Hof der Kaserne auffahren und scharfe Patronen in Mengen verteilen
ließ und unter ruhigen Bürgern blindlings drauflos verhaftete.

In Dettweiler (in einer halben Stunde Wagenfahrt von Zabern zu erreichen) herrschte eine ähnliche, noch tiefer gehende Erbitterung. Es brach
eine wahre Panik aus, als gestern der Schreckensruf umging: «Die
Preußen kommen!» Man muß das Opfer des Forstnerschen Helden-

mutes, einen 19jährigen, schüchternen, braven und ehrlichen Hinkefuß, gesehen haben, um die Rohheit zu begreifen, die diese Truppen mit Kolbenstößen arbeiten und mit Säbelhieben traktieren hieß. Und es kennzeichnete die ganze Willkür des Obersten von Reuter, daß er ein paar Stunden nach diesem blutigen Vorfall hoch zu Roß an dem Wohnhaus des Bürgermeisters erschien, eines würdigen, weißhaarigen Herrn, der auch Notar ist, und ihn durch einen Soldaten auffordern ließ, an das Tor seiner Besitzung zu kommen.

Selbstverständlich belehrte der Bürgermeister den Herrn, was Anstand und Höflichkeit verlangt. Und sporenklirrend und säbelrasselnd betrat der Oberst das Amtszimmer des Bürgermeisters, um ihm Vorhaltungen gegen die Freilassung der von den Soldaten Verhafteten zu machen. Unter anderem äußerte er, das macht das Zivil immer so. Er erhielt auch hier die verdiente kühle Ablehnung

Heute weilte die Staatsanwaltschaft den ganzen Tag in Dettweiler, um eine Untersuchung über den Vorfall aufzunehmen, der den letzten Tropfen in ein zum Überlaufen volles Faß bildet. Denn wenn auch durch Vermittlung des Kreisdirektors, des obersten Zivilbeamten des Kreises, die Militärpatrouillen von den Straßen zurückgezogen sind und in der Hauptstraße nur beschäftigungslose Gendarmen patrouillieren, immer 2, 4, 6 Gendarmen, die sich erzählen, was sie ihren Kindern zu Weihnachten schenken sollen, so frißt doch die Erbitterung, gerade weil sie stumm ist und sich nicht entladen darf, in den Kreisen der Bürger immer tiefer. Mit zusammengebissenen Zähnen liest man die Proklamationen an den Straßenecken, in denen zur Ruhe ermahnt wird, und wo sich ein Soldat oder gar ein Offizier mit der ominösen 99 sehen läßt, da folgen ihm feindliche und böse Blicke.

Wenn diese Blicke das Ergebnis einer zweiundvierzigjährigen Germanisationsarbeit sind, dann können die Preußen einpacken, und die Korrespondenten der französischen nationalistischen Presse, die hier weilen, Frankreich anstoßen. (Vorwärts, 4. Dezember 1913)

Große Bewegung im Reichstag. Fehrenbach, Abgeordneter: Meine Herren, das Unzulängliche, hier wird es Ereignis.
(Lebhafte Zustimmung im Zentrum und links.)
Das Unbeschreibliche, hier ist es getan.
(Wiederholte lebhafte Zustimmung im Zentrum und links.)
Das sind leider die Empfindungen, mit denen wir den Vorgängen in Zabern während des Monats November gegenüberstehen, mit denen wir

aber leider noch mehr den Ausführungen gegenüberstehen, die wir vorhin von der Regierung gehört haben.
(Stürmischer andauernder Beifall im Zentrum und links.)
Zu diesen Empfindungen gesellt sich aber auch das Gefühl der Beschämung,
(wiederholte stürmische Zustimmung im Zentrum und links)
daß sich das im Deutschen Reich ereignen konnte.
(Sehr gut! bei den Sozialdemokraten.)
Dazu gesellt sich aber auch ein bitterer Schmerz über die moralischen Verluste dieses unglücklichen Monats,
(lebhafte Zustimmung im Zentrum und links)
die nur in schwerer Arbeit und erst nach langer, langer Zeit wieder gut gemacht werden können.
(Lebhafte Zustimmung im Zentrum und links. — Zuruf links: Nach der Militärvorlage das dem Reichstag! — Große Bewegung.)
(Reichstagssitzung vom 3. Dezember 1913)

Dr. von Bethmann Hollweg, Reichskanzler: Die elsässische Bevölkerung hat sich durch den Gebrauch des Wortes «Wackes» beleidigt gefühlt. Man hat dabei von einem gewollten öffentlichen Affront der Bevölkerung gesprochen. Davon kann ja selbstverständlich nach all den Umständen, die ich angegeben habe, unter denen das Wort gebraucht worden ist, keine Rede sein.
Am 28. November sammelte sich während der Turnstunde der Offiziere in der städtischen Turnhalle eine Menschenmenge an der Kanalbrücke. Als die Offiziere herauskamen, wurde von der Menge gejohlt und gebrüllt. Ein Arbeiter von etwa 18 Jahren rief dem Leutnant v. Forstner Schimpfworte nach. Er wurde festgenommen. — Das war unzweifelhaft gesetzlich berechtigt.
(Sehr richtig! rechts. — Widerspruch bei den Sozialdemokraten.)
Darauf sammelten sich die Leute in der Hauptstraße bis zur Kanalbrücke, schrien und johlten. Um zwei Offiziere, die von der Kaserne nach Hause gingen und dabei die Hauptstraße passieren mußten, sammelten sich Menschen und schrien. Darauf befahl der Regimentskommandeur, um die Offiziere vor weiteren Beschimpfungen zu bewahren, dem Leutnant Schadt, mit einem Zuge auf den Schloßplatz zu rücken und diesen zu säubern. Auch wenn hierzu eine formelle gesetzliche Befugnis nicht vorlag,
(hört! hört! links und bei den Sozialdemokraten)
so ist die Maßregel doch lediglich aus dem Bestreben entstanden, Schlimmerem vorzubeugen.

54

(Große Heiterkeit und Unruhe.)

Ob Verletzungen der Strafgesetze vorgelegen haben, ob zivilrechtliche Entschädigungsansprüche geltend zu machen sind, das wird der Richter entscheiden müssen. Jedenfalls aber bitte ich die Herren, auch in diesem ernsten und in vieler Beziehung sehr traurigen Falle nicht zu vergessen, daß die Armee das Recht hat, sich gegen direkte Angriffe zu schützen. (Zuruf von den Sozialdemokraten: Kinder haben angegriffen!) Und sie hat nicht nur dieses Recht, sie hat auch die Pflicht dazu. (Unruhe bei den Sozialdemokraten.) Sonst kann keine Armee in der Welt bestehen. (Sehr wahr! rechts.) Der Rock des Königs muß unter allen Umständen respektiert werden. (Lebhafte Zustimmung rechts. — Zurufe von den Sozialdemokraten. — Andauernde große Unruhe.) (Reichstagssitzung vom 3. Dezember 1913 — Die Haltung des Reichskanzlers zur Zaberner Affaire wurde vom Reichstag am 4. 12. 1913 mit 293 gegen 54 Stimmen bei 4 Stimmenthaltungen mißbilligt. Trotz heftiger Forderungen der Sozialdemokraten trat er jedoch nicht zurück. Formal war er dazu nicht verpflichtet: vom Kaiser ernannt, konnte er laut Verfassung auch nur vom Kaiser entlassen werden.)

Generalleutnant von Falkenhayn, Kriegsminister: Meine Herren, meinen Ausführungen bei der Beantwortung der kurzen Anfrage, die an den Herrn Reichskanzler über die Vorgänge in Zabern gerichtet war, habe ich für die Zeit vom 6. bis 11. November, auf die sich die Anfrage damals bezog, nichts hinzuzufügen. Ich sollte meinen — trotz des Widerspruchs, der heute hier von der Tribüne erfolgt ist —, daß die für jeden, der hören wollte, alles enthielten.

Eines freilich, meine Herren, konnten sie nicht enthalten und haben sie nicht enthalten, die Zusicherung nämlich, daß sich die Militärbehörden den von lärmenden Tumultuanten und hetzerischen Preßorganen aufgestellten Forderungen — —

(große Unruhe links, andauernde stürmische Zurufe bei den Sozialdemokraten: Beleidigung der ganzen deutschen Presse! — Deimling ist der Hetzer! — Gemeinheit! — Militärische Frechheit! — Wiederholte Pfuirufe bei den Sozialdemokraten. — Glocke des Präsidenten.)

— Meine Herren, darf ich meinen Satz noch einmal wiederholen! (Erregte Zurufe bei den Sozialdemokraten: Ja! Ja! Nein! Nein!) Eines freilich konnten meine Ausführungen nicht enthalten und haben sie nicht enthalten, die Zusicherung nämlich, daß sich die Militärbehörden

55

(Zuruf bei den Sozialdemokraten: Gesetzlich benehmen!)
den von lärmenden Tumultuanten und hetzerischen Preßorganen — —
(Langandauernde Unterbrechung und stürmische Zurufe bei den Sozial-
demokraten: Unverschämtheit! — Pfui! Pfui! — Gemeinheit! — Herunter
von der Tribüne! — Glocke des Präsidenten! — Rufe rechts: Ruhe! Bravo!
— Abgeordneter Ledebour: Sie sprechen wie ein agent provocateur!
Schämen Sie sich gar nicht?! — Lebhafte Rufe rechts: Ruhe! — Abgeord-
neter Ledebour: Er provoziert hier den Reichstag! Genau wie Forstner in
Zabern, so arbeiten Sie hier! — Glocke des Präsidenten!)
Präsident: Ich muß zunächst wegen eines Ausdruckes, der von dieser
Seite (zu den Sozialdemokraten) gefallen ist, einen Ordnungsruf erteilen.
Es hat einer der Herren hier — mir ist gesagt worden: der Herr Abgeord-
nete Emmel — den Ausdruck ‹unverschämt› dem Herrn Kriegsminister
zugerufen. Ich rufe den Herrn Abgeordneten Emmel deswegen zur
Ordnung!
Ich muß ferner bitten, daß die Zwischenrufe unterbleiben!
V. Falkenhayn, Generalleutnant, Staats- und Kriegsminister, Bevollmächtigter zum Bundesrat für das Königreich Preußen: Dies, meine Herren, ist
in Wahrheit der springende Punkt, um den sich seit dem 9. November
der ganze Spektakel in Zabern dreht.
(Sehr gut! und Bravo! rechts.)
Es handelt sich längst nicht mehr um die mehr oder weniger übertriebe-
nen Verfehlungen des Leutnants oder seiner Rekruten,
(erregte Rufe von den Sozialdemokraten: Nein, um den Obersten und um
den General!)
— auch der Blödeste im Lande weiß, daß deren Angelegenheiten in den
festen Händen der Vorgesetzten
(Lachen und Ohorufe links und bei den Sozialdemokraten)
ihre gesetz- und ordnungsmäßige Erledigung finden werden —
(ja! ja! links — bravo! rechts)
sondern es handelt sich um den ausgesprochenen Versuch, durch Pres-
setreibereien, durch Aufläufe, durch systematische Beschimpfungen
von Militärpersonen,
(ach! links)
ja durch deren Behinderung in ihren gewöhnlichen Dienstverrichtungen
einen ungesetzlichen Einfluß auf die Entscheidung der zuständigen Behörden zu erringen.
(Zurufe von den Sozialdemokraten: Unwahr, direkte Fälschung, militärische Provokation! — Die Abgeordneten haben das auch beabsichtigt!)
Es ist aber in den Reden der Interpellanten hier viel die Rede von der Notwendigkeit der Wahrung der Volksrechte gewesen; und ich bin ganz ge-
56

wiß derselben Ansicht. Da aber die Armee ein Teil des Volks ist,
(sehr richtig! rechts. — Lärmende Zurufe und Lachen bei den Sozialdemokraten)
— und ich darf sagen, nicht der unwichtigste,
(sehr richtig! rechts)
was die unbestreitbare Tatsache beweist, daß nicht ein Stein dieser stol-
zen Mauern hier stände ohne die Tüchtigkeit und Zuverlässigkeit der
Armee,
(lebhafter Beifall rechts — Lachen und Zurufe von den Sozialdemokraten)
daß nicht ein Arbeiter im deutschen Lande sein Brot im Frieden verdienen
könnte ohne die Armee,
(bravo! und sehr gut! rechts)
und daß die Sicherheit des Bestandes des Reichs ohne die Tüchtigkeit
und Zuverlässigkeit der Armee undenkbar ist.
(Bravo! rechts. — Andauernde Zurufe von den Sozialdemokraten.)
Zu den Rechten, zu den Lebensbedingungen der Armee gehört aber
auch, und zwar wie der Sauerstoff zum Atmen, meine Herren,
(Lachen bei den Sozialdemokraten)
daß die Autorität, die Disziplin und das Ehrgefühl geschützt und hochge-
halten werden.
(Zurufe bei den Sozialdemokraten: Ehrgefühl?)
Was das Ehrgefühl in der Armee bedeutet, daß weiß jeder, der je eine
scharfe Kugel hat pfeifen hören. Ich rufe die Soldaten hier im Hause als
Zeugen auf. In den ernsten Stunden, in denen auf dem Felde der Ehre das
Schicksal des Vaterlandes entschieden wurde, da halfen dem Soldaten
nicht Worte oder Reden, sondern da half ihm nur die Disziplin und das
Ehrgefühl.
(Bravo! rechts. — Zurufe von den Sozialdemokraten: Redensarten! Zur
Sache!)
— Ich komme sofort darauf. — Ich meine hiermit durchaus nicht Überhe-
bung. Vielmehr meine ich das Ehrgefühl, das den Soldaten nicht einen
Augenblick zweifelhaft sein läßt, wenn es sich um die Entscheidung, um
die Wahl zwischen Schande und Tod handelt.
(Lachen und stürmische Zurufe von den Sozialdemokraten: Zur Sache!
Zur Sache!)
Ein solches Ehrgefühl, meine Herren, dem Manne, ganz gleich, ob er Offi-
zier oder Soldat ist, anzuerziehen, ist nicht leicht.
(Zurufe von den Sozialdemokraten: Kommen Sie zur Sache!)
— Ich komme gleich darauf. — Es wäre unmöglich, wenn man fordern
wollte, daß Soldaten dauernd planmäßige Beschimpfungen ertragen
sollten. (Reichstagssitzung vom 3. Dezember 1913)

Absterbende Gefühle. Abgeordneter Röser (Zabern): Meine Herren, es gibt Momente, wo ein Volk gegen erlittenes Unrecht nicht mehr protestiert, wo jeden ein Gefühl der Leere und des Verlassenseins beschleicht, wo auch dem Letzten im Volke klar zu Bewußtsein kommt, daß unsere Geschicke letzten Endes von Leuten dirigiert und beeinflußt werden, die uns nicht verstehen und die uns nicht verstehen wollen. Das sind die Momente, wo sich dann Trennungswände aufrichten, und wo Menschen, die bisher freundschaftlich verkehrten und die einander geachtet haben, sich mit Mißtrauen begegnen und sich womöglich wieder trennen. Was in solchen Tagen an Gefühlswerten verloren geht und abstirbt, das ist einfach ungeheuer. (Reichstagssitzung vom 3. Dezember 1913)

In Polen ist noch mehr verloren. Abgeordneter v. Trampczynski (polnisch): Ein elsaß-lothringischer Abgeordneter, der hier anwesend ist, hat mir erzählt, daß elsässische Rekruten, befragt, wie sie beim Militär behandelt würden, sich zwar beklagten, aber zugleich sagten, sie würden noch glänzend behandelt gegenüber den polnischen Rekruten.
(Hört! hört! bei den Polen.)
Es ist ja notorisch, daß alltäglich von den Unteroffizieren das Ehrgefühl des polnischen Rekruten durch Ausdrücke wie «polnisches Schwein» und ähnliche beleidigt wird.
(Hört! hört! bei den Polen.)
Das sind durchaus nicht, wie mir vielleicht entgegengehalten wird, vereinzelte Fälle, sondern das ist der Erfolg des Systems. Seit drei Jahrzehnten ist die Militärverwaltung auf den hirnverbrannten Gedanken gekommen, den Heeresdienst als Mittel zu benutzen, um den polnischen Soldaten seinem Volkstum zu entfremden. Die polnischen Rekruten werden nicht nur in rein deutsche Gegenden versandt, sie werden auch bei den Regimentern streng überwacht, ob sie nicht etwa polnische Bücher lesen; es wird spioniert, ob sie nicht unter einander Polnisch sprechen; ja, vor dem Kirchgang werden sie von den Unteroffizieren betastet, ob sie nicht vielleicht polnische Gebetbücher bei sich tragen. (Reichstagssitzung vom 4. Dezember 1913)

Die Armee ist eine furchtbare Waffe. von Falkenhayn, Königlich Preußischer Staats- und Kriegsminister: Die Armee ist eine furchtbare Waffe, und sie muß es sein, wenn sie ihrem Zwecke gerecht werden will. Das werden selbst die Herren hier zugeben müssen. Sie ist nicht geschaffen — wirklich nicht! — und bestimmt, Polizei- und Sicherheitsdienste

außerhalb ihres eigenen Bereichs zu tun. (Zuruf des Abgeordneten Ledebour: Dann braucht sie auch keine Politik zu treiben! — Lebhafte Zustimmung bei den Sozialdemokraten.)
— Ganz gewiß nicht, nein! Es ist im höchsten Grade bedauerlich und mir
selbst auch, wie in unserem Falle dies durch die wiederholten Warnun-
gen der Militärbehörde an die Zivilbehörde bewiesen wird,
(lebhafte Rufe: Hört! hört! bei den Sozialdemokraten)
in ebenso hohem Grade verhaßt, wenn sie zum Einschreiten in dieser
Beziehung kommt. Schreitet sie aber einmal ein,
(erneutes Hört! hört! links)
dann sind Härten dabei ganz unvermeidlich.
(Anhaltende Unruhe links. — Beifall rechts.)
Ich wiederhole, meine Herren, schreitet eine Armee oder ein Teil der
Armee ein, so sind Härten dabei ganz unvermeidlich.
(Lebhafte Zustimmung rechts. — Zurufe links: Ganz so auf der anderen
Seite.)
(Reichstagssitzung vom 3. Dezember 1913)

Joseph Roth. Naturgeschichte des Generals. Der General ohne
Gegner ist wie eine Waage, an der nur eine Schale hängt; ein Einerseits
ohne Andererseits; ein Salonkitsch ohne Pendant; ein Teil eines Zwillings
ohne den andern.
Der General ohne Gegner ist eine halbe Erscheinung. Keine andere Men-
schengattung ist mit ihm zu vergleichen: ein Jäger, dem kein Wild vor die
Flinte kommt, ist trotzdem ein Jäger; ein Redner ohne Zuhörer bleibt dennoch ein Redner; ein Dichter ohne Leser ist trotz allem ein Dichter; und ein
Kaufmann ohne Käufer ist auch ein Kaufmann.
Denn alle diese Berufe sind mehr oder weniger natürliche Berufungen,
auch wenn ihnen die Wirkung fehlt. Sie wirken nur tragisch, die Dichter
ohne Leser, die Redner ohne Zuhörer und die vergeblich lauernden Jä-
ger. Ein General aber ohne Gegner wirkt entschieden lächerlich.
Sein Beruf nämlich ist keine natürliche Berufung. Zwar ist der Wille zum
Kampf auch natürlicher Instinkt. Aber kein dauernder Zustand, sondern
nur ein zeitweilig bestehender. Es gibt in der Natur keine Nur-Kämpfer.
Das Raubtier kämpft lediglich, um sich zu sättigen. Nach beendetem
Kampf ergibt es sich seiner friedlichen Beschäftigung: dem Beischlaf, der
Wanderung, dem Bad, dem Schlummer. Es legt gewissermaßen die Rü-
stung ab. Es entmilitarisiert sich. Es demobilisiert. Es wird sogar sanft.
Nur der General wird niemals sanft. Seine Niederlage erbittert ihn. Sein
Sieg reizt ihn zu neuem Kampf. Seine Tätigkeit ist Mittel ohne Zweck; eine

Art l'art pour l'art. Er kämpft nicht, um satt zu sein, wie es selbst das grausamste Tier tut. Er kämpft, um zu siegen. Seine Beute ist nicht seine Nahrung. Deshalb ist er die moralisch niedrigste Erscheinung unserer Weltordnung.

Seine Beute ist nur das Nährmittel seiner Beutegier. Sie sättigt seinen Ehrgeiz. Sie bringt ihm Ehre und deren sichtbaren Ausdruck: Den Orden aus Blech, Eisen und Gold. Wenn er aber keinen Feind hat, der General?

Mit dem Raubtier, das keine Beute findet, kann ich Mitleid fühlen. Denn es leidet die Qualen des Hungers (die wir alle kennen — mit Ausnahme der Generale). Der General aber, der keine Beute findet, leidet die Qualen des unbefriedigten Ehrgeizes. Deshalb erweckt er in mir nicht das Gefühl des Mitleids, sondern jenes süßere der Schadenfreude. Ich spotte seiner, wie eines Teufels, der kein Versuchsobjekt findet.

Denn erst das Opfer macht den Teufel zum Teufel. Erst der Feind macht aus dem General einen General. Ohne Gegner ist er nur ein Begriff. In einer Welt des Friedens, die sich nicht von Menschenfleisch nährt, ist der General nicht einmal ein Sättigungsinstrument. Er gleicht also einer Lokomotive ohne Eisenbahnzug; einer Brücke, die nicht von einem Ufer ans andere führt, sondern von einem Ufer ins Wasser. Und das ist lächerlich.

Da aber ein General vor der Lächerlichkeit eine größere Angst empfindet, als ich vor ihm, schafft er sich krampfhaft einen Feind. Wenn er keinen ‹äußern› findet, so erfindet er einen ‹innern›.

Deshalb ist die Existenz eines Generals fast noch gefährlicher, als sie lächerlich ist. Sein Dasein allein schafft Feindseligkeit und Haß.

Man kann nicht einmal versuchen, ihn abzuschaffen, ihn zu demobilisieren, zu zähmen. Ein dressiertes Raubtier ist immer noch für einen Zirkus ein Gewinn. Wer aber würde eine Menagerie besuchen, in der Generale ausgestellt sind? — Da die Gattung nicht selten ist und stündlich ohne Entree besichtigt werden kann?

Und wer fürchtete sich nicht vor einem General — und befände er sich selbst hinter Gittern?!... (1924 — aus: «Der Neue Tag» von Joseph Roth, Copyright 1970 by Verlag Allert de Lange, Amsterdam, und Kiepenheuer & Witsch, Köln)

Telegramm von Kronprinz Wilhelm. Die Zivilbevölkerung hatte das preußische Militär angepöbelt, der Offizier hatte sich zur Wehr gesetzt, und nun heulte auf einmal die ganze Welt gegen den preußischen Militarismus. Zu diesem Zeitpunkt, in den Tagen also, in denen das Ausland und die in unserer armen Heimat nie fehlenden Sophisten der absoluten Gerechtigkeit alles daran setzten, auch noch unseren letzten einzigen

60

Aktivposten, unsere Armee, vor Freund und Feind zu diskreditieren, bin ich gern, ohne die gebotene Zurückhaltung, wie man mir vorwarf, auf die Seite meiner vom Sturm der öffentlichen Diskussion hart bedrängten Kameraden getreten. Ich habe an den General von Deimling und an den Oberst von Reuter telegraphiert. Soweit stimmte alles. Daß ich dem Obersten eine Depesche mit den Worten: «Immer feste druff!» gesandt hätte, erfuhr ich dann allerdings erst durch die Zeitungen und dank der Fälscherphantasie jener Friedensfreunde, die mit dieser Erfindung die große Friedensstimmung rings um uns vielleicht zu stärken suchten. In Wahrheit hatte ich dem Oberst von Reuter als Kamerad dem Kameraden telegraphiert, er möge nur ja scharf durchgreifen, da das Ansehen der Armee auf dem Spiele stehe. — Wäre Leutnant von Forstner verurteilt worden, so hätte sich dadurch jeder Rüpel ermutigt gefühlt, Uniformträger anzugreifen. Ein unhaltbarer Zustand wäre sanktioniert worden, doppelt unhaltbar in den Reichslanden, wo durch das fehlende Rückgrat der Zivilbehörden das Militär bereits in der schwierigsten Lage sich befand. (Erinnerungen des Kronprinzen Wilhelm, hrsg. v. K. Rosner, Stuttgart und Berlin 1922, S. 125f.)

Auch vom Kronprinzen hatte ich einige Tage vorher ein Telegramm erhalten. Es lautete:

«Hoffe, daß die Offiziere in jeder Beziehung gegen die Unverschämtheiten des Zaberner Plebs geschützt werden. Es müßte ein Exemplum statuiert werden, um den Herren Eingeborenen die Lust an derartigen Vorfällen zu versalzen. Besten Gruß! gez. Wilhelm, Kronprinz.» (Berthold von Deimling, Aus der alten in die neue Zeit, S. 153)

Berthold von Deimling. Vorm Kaiser. An diesem ‹schwarzen Tag› der Reichsregierung (4. Dezember) erhielten der Statthalter Graf Wedel und ich die telegrafische Order, uns am nächsten Tag beim Kaiser in Donaueschingen zu melden.
Der Kaiser empfing mich im Schloßpark. Mit ernsten Worten wiederholte er seine Mahnung, daß Militär- und Zivilbehörden besser zusammenarbeiten müßten und warnte vor jeder Ungesetzlichkeit. Dann ging er mit dem Statthalter und mir vor dem Schloß auf und ab und ließ sich Vortrag über die Lage halten. Im Laufe der Besprechung machte ich den Vorschlag, die Garnison für einige Zeit aus Zabern wegzunehmen und auf einen Truppenübungsplatz zu legen. Durch diese radikale Maßnahme ließen sich am sichersten weitere Konflikte vermeiden, und die Gemüter würden sich in der Zwischenzeit beruhigen, zumal die Garnison für die Stadt in wirtschaftlicher Beziehung wichtig war. Der Statthalter hatte

keine Bedenken, und so trug mir der Kaiser auf, die Verlegung der 99er aus Zabern in die Wege zu leiten. Auch die Versetzung des Oberst von Reuter und des Leutnants von Forstner wurde besprochen, aber sie sollte erst nach Beendigung der kriegsgerichtlichen Prozesse erfolgen, die zur Zeit schwebten, und zwar gegen Reuter wegen widerrechtlicher Aneignung der Exekutionsgewalt und Freiheitsberaubung sowie gegen Forstner wegen rechtswidrigen Waffengebrauchs und Körperverletzung. Um die Mittagszeit traf auch der mit dem Mißtrauensvotum belastete Reichskanzler in Donaueschingen ein und hielt dem Kaiser Vortrag. Dann ging man zu Tisch. Zahlreiche Jagdgäste, zum Teil mit Damen, auch vom österreichischen Hochadel hatten sich zusammengefunden. Mich nahmen sie unter ein Kreuzfeuer von Blicken mit und ohne Monokel oder Lorgnons. Ein paar Komtesserl mir gegenüber musterten mich halb neugierig, halb ängstlich. Sie hielten mich offenbar für so eine Art von Landvogt Geßler. Gleich nach Tisch reiste der Kaiser ab, und bald darauf fuhren auch der Statthalter und ich nach Straßburg zurück. Wenige Tage später rückten die 99er mit klingendem Spiel aus Zabern ab und bezogen Unterkunft im Truppenübungslager Oberhofen. (Berthold von Deimling, Aus der alten in die neue Zeit, S. 160f.)

Sergeant Höflich. Abmarsch. Der Abmarsch unseres II. Bataillons erfolgte um die Mittagszeit bei schönstem Sonnenscheine. Auch der Oberst von Reuter mußte wohl empfunden haben, wie wenig der Abmarsch mit den Gepflogenheiten der preußischen Armee in Einklang zu bringen war, denn er hatte, wohl um jeden Eindruck der Bestrafung zu verdecken, angeordnet, daß die bekannte und geächtete 5. Kompagnie die Fahne des Regiments abbringen sollte. Dazu waren als Fahnenbegleiter kommandiert: die Leutnants von Forstner und Schadt sowie die Sergeanten Höflich und Kn.

So zogen wir, die Anstifter und Störenfriede zu einer Gruppe vereinigt, um die Feld- und Ehrenzeichen des Regiments geschart — also gleichsam an seiner Spitze — nochmals unter den Klängen der Regimentskapelle an den spalierbildenden Einwohnern der Stadt vorüber.

Sie standen dicht gedrängt, und viele liefen neben uns her, um uns noch einmal anzustaunen und um uns das letzte Geleit zum Bahnhofe zu geben. Alle zehn Schritte war ein Photograph oder Kurbelmann bemüht, diesen historischen Moment festzuhalten. (Höflich, Affaire Zabern, S. 169f.)

62

Zaberner Kinder am Bahnhof beim Abmarsch des 2. Bataillons. Eine künstlich angefachte Aufregung, stellenweise sogar Radaulust, ähnlich wie sie eine vom Blaukoller befallene Menge auf der Straße zeigt, die an ihrem eigenen Schelten und Rumoren ihren Spaß hat. (Neue Preußische Zeitung, 1913. Photo: Robert Weil)

" . . . Der Abzug der Soldaten war kein Triumph. Das war ein Militärbefehl, eine Bestrafung der Stadt Zabern. Es war so: Damals erhielt der Soldat eine tägliche Entschädigung, außerdem Frühstück und Mittagessen. Abends wurden die 99er nicht verpflegt. So kauften dann viele Soldaten Brot oder Wecken abends, und das machte für die Kaufleute viel aus. Da gabs eine Wirtschaft, die hieß 'Die Wirtschaft zum letzten Groschen', die lebte von den Soldaten. Wenn einer noch einen Groschen hatte, ging er rein und trank noch einen Seidel oder zwei. Die Soldaten hat keiner gefragt. Die waren die armen Teufel. Die standen da auf dem Übungsplatz und kamen nach Hagenau in Holzbaracken, da wars kalt im Winter, weit ab von allem . . . " (Joseph D. Heyl, im Juli 1982)

René Schickele. Stille Betrachtung nach den Zaberner Tagen.
«Nun ist die Reihe an euch», sagte ein Freund, als die ersten Nachrichten aus Zabern kamen.
Die Reihe an uns?
Wann haben wir denn aufgehört, an der Reihe zu sein,
Seit vierzig Jahren wohnt, bis über die Augen bewaffnet, ein rothaariger

63

Koloß in diesem Land, er hockt auf dem Rand der Vogesen, um seine grobgestiefelten Beine in der Ebene, die Rebhügel hinauf kommen und gehen die Jahreszeiten. Er drückt auf das kleine Land wie auf die Mitte einer riesigen Schaukel — ja, und das ist denn auch das berühmte europäische Gleichgewicht. Und es geschieht wenig in der Welt und nichts wichtiges, ohne daß man hier, wo des Kolosses Stiefel stehn, ein leises oder hartes Schwanken spürte. Ein politischer Seismograph könnte die geringsten Erschütterungen der ‹Weltlage› verzeichnen. Hier, wo die Absätze auf seinem Leib drücken, schlägt das Herz Europas am unruhigsten....und am schmerzhaftesten.

Ist es ein Wunder, wenn da jeder elsässische Bauer ein Europäer wenigstens insofern ist, als er darauf schwört, mit ihm könnte zugleich Europa geholfen werden? Der Reisende kann sich in jeder Dorfkneipe sagen lassen, daß «die Deutschen und die Franzosen nur zusammenhalten brauchten, damit —». Nun, damit endlich Ruhe ins Land käme und, außerdem, mehr Sicherheit in die europäischen Verhältnisse. Daß sie nebenbei für die allgemeine Abrüstung schwärmen, versteht sich von selbst. Sie möchten Gewicht und Geruch jener Stiefel von märchenhaftem Umfang los sein! Aber das gilt weniger für die Bauern, als für die Bürger in den Städten. Obwohl die ‹wiedergewonnenen Brüder›, seitdem sie wieder ‹zuhause› sind, in der deutschen Armee als ‹Wackes› traktiert werden, gehen die Bauern noch immer gern zu den Soldaten, und sie scheinen sich dort nicht schlechter zu bewähren, als zur Zeit des ersten Napoleon, wo sie das Hauptquartier mit den robusten Lauten ihres Dialekts erfüllten.

In diesem Land, das sich sehr zäh und, wenn es gereizt wird,, auch sehr laut weigert, schlankweg zu vergessen, was nicht vergessen zu werden verdient, und das bißchen französische Blut, das durch seine Adern lacht, in der Umarmung einer sadistischen Germania aus den Poren zu schwitzen, in diesem Land gibt es eine Stadt, die am schnellsten, unmittelbar nach dem Krieg, wie die Geschichtsschreiber sagen: an die deutsche Vergangenheit anknüpfte und Bismarck eine ‹Ergebenheitsadresse› übersandte. Das ist Zabern.

Es hat lange gedauert und kostete Mühe. Aber schließlich ist es gelungen. Allerdings mußte schon das Militär die Sache in die Hand nehmen. Zabern wurde germanisiert. Mit diesem Fremdwort bezeichnet man im neuen Deutschen Reich einen sehr schwierigen Handgriff der Verwaltungskunst. Er besteht darin, Sonntagsspaziergänger und Kegelschieber von Amts wegen fuchsteufelswild, ja, wenn möglich, zu Rebellen zu machen. Diese Kunstübung erfreut sich in Preußen eines solchen Ansehens, daß ein Landrat, dem sie gelingt, damit das Anrecht erwirbt, bei den

64

nächsten Wahlen als Kandidat der konservativen Partei aufgestellt zu werden. In Ermangelung eines preußischen Landrats fanden sich in Zabern ein paar blutjunge Leutnants und ein offenbar etwas ältlicher Oberst. Während einiger Tage herrschte da, mitten im Frieden, die Militärdiktatur. Die Offiziere veranstalteten eine Razzia, der neben halbwüchsigen Gassenjungen und ehrbaren Bürgern ein Rechtsanwalt und die hohe Magistratur selbst zum Opfer fiel. Sogar der Staatsanwalt wurde festgenommen. Ein kleiner Leutnant eilte, von Soldaten mit aufgepflanztem Seitengewehr begleitet, durch die Straßen und rief, nachdem er unter dem Schutze der Bajonette Schokolade eingekauft hatte: «Wer lacht, wird verhaftet!» Ein anderer setzte einen lahmen Schuster außer Gefecht, indem er ihm den Degen in den Schädel trieb. Aber im Bericht las ich, daß er nach dieser Tat völlig erschöpft auf einen Stuhl gesunken sei. Es scheint, daß der Koller, der den Wahnsinnsausbruch dieser Tage bewirkt hatte, selbst über seine zweifellos überspannten Kräfte gingen. Der Junge war neunzehn Jahre alt, und er hätte vielleicht Abbitte geleistet, aber er durfte, er konnte nicht; des ‹Kaisers Rock› brannte vielleicht wie ein Nessushemd, aber «Tabu!» schrieen die Militärs und zeigten mit dem Finger auf das bunte Stück Tuch: «Tabu, Tabu!» und im Reichstag, vor dem ohnmächtigen Bürgerzorn der Abgeordneten hob der Kriegsminister beschwörend die Hand und wiederholte, zum Säulenheiligen erstarrt, vom hohen Rednerpult: «Tabu!»....Auf der Tribüne saß der ‹Hauptmann von Köpenick› und grinste sonntäglich — der Augur! «Tabu» murmelte er und nickte. (Cahier Alsaciens / Elsässische Hefte, Nr. 13, Straßburg, Januar 1914)

Strafen. Der Bursche des Obersten v. Reuter, namens Ficht, der in einem Zaberner Geschäft seine Privatmeinung über die Affäre ausgesprochen hatte und deshalb plötzlich in Untersuchungshaft genommen wurde, ist vom Standgericht zu fünf Wochen Arrest verurteilt worden, wovon zwei Wochen auf die Untersuchungshaft angerechnet wurden. Ficht war vor einiger Zeit plötzlich verschwunden, ohne daß man wußte, wohin er sich gewandt hatte. Auch der Mutter des Musketiers war sein Aufenthalt unbekannt. Er war von einem Manne, der im Geschäft anwesend war, beim Regiment denunziert und sofort in Haft genommen worden.
Vor dem Kriegsgericht der 30. Division hatten sich heute drei von den Zaberner Rekruten zu verantworten, die über die vielbesprochenen Vorkommnisse in der Instruktionsstunde oder innerhalb der Kaserne des Infanterieregiments Nr. 99 anderen Meldungen gemacht und so deren Veröffentlichung in der Presse veranlaßt haben sollen. Das Verfahren ist

öffentlich, gleichwohl kann das Publikum nicht zugelassen werden, da der Saal nur klein ist und die zahlreich erschienenen Berichterstatter allein den Raum füllen. Die Angeklagten Henk, Bleili und Scheible, die früher der 5. Kompagnie des Regiments Nr. 99 angehörten, sind jetzt dem Regiment Nr. 132 bezw. 136 in Straßburg überwiesen. Nach längerer Beratung fällte das Gericht folgendes Urteil: Der Angeklagte Henk wird wegen Ungehorsams in zwei Fällen in Verbindung mit einem Vergehen gegen §101 M.St.G.B. zu einer Gesamtstrafe von sechs Wochen Mittelarrest verurteilt, die Angeklagten Scheible und Bleili wegen Ungehorsam in zwei Fällen zu je drei Wochen Mittelarrest. (Germania, 11. 12. 1913)

Vier Arten von Arrest. Man unterschied vier Arten von Arrest: Stubenarrest; eingeteilt in einfachen und verschärften. Er wurde nur über Offiziere und Portepeeunteroffiziere verhängt. Es gab volle Beköstigung. Gelinder Arrest; wurde nur über Unteroffiziere mit und ohne Portepee verhängt. Er mußte in einer Arrestzelle verbüßt werden, die im allgemeinen sechs Schritt lang und drei Schritt breit war. Mobiliar: eine festgemachte Holzpritsche. Dazu konnte bei längerer Haft ein Tisch und ein Stuhl treten. Volle Beköstigung, des Nachts Strohsack und Bettbezug auf die Pritsche.
Mittlerer Arrest; wurde über Unteroffiziere ohne Portepee und Mannschaften verhängt. Zelle, trocken Brot und Wasser. Nachts: im Sommer eine, im Winter zwei Decken. Bei längerer Strafe am 4., 8., 12. und demnächst jeden 3. Tag einen sogenannten ‹guten Tag›, d.h. an den genannten Tagen gab es volle Verpflegung und des Nachts zur Pritsche den Strohsack.
Strenger Arrest; wurde nur über Mannschaften verhängt. Finstere Zelle, Wasser und trocken Brot, Decken wie im mittleren Arrest. ‹Gute Tage› bei längerer Haft am 4., 8., und demnächst jeden 3. Tag. An den ‹guten Tagen› trat hier zu den Vergünstigungen des mittleren Arrestes noch das Hellmachen der Zelle für diesen Tag.
Nur wer einmal einen Fuß in eine Arrestzelle gesetzt hat, weiß, was solche Strafen bedeuten. Erwähnen möchte ich noch, daß es im Arrest streng untersagt war, auch nur einen Haken oder Knopf der Uniform zu öffnen oder gar die Stiefel auszuziehen. (Eine Ausnahme bildeten natürlich die Nächte an den ‹guten Tagen›.) Ebenso streng verboten war es, aus dem vergitterten Fenster zu sehen, wenn dies überhaupt möglich war, denn es lag stets nahe der Decke. Vorsichtshalber wurde jedem Arrestanten bei der Einlieferung Hosenträger, Halsbinde, Messer und Streichhölzer abgenommen. (Höflich, Affaire Zabern, S. 173f.)

Der Leutnant vor Gericht. Die Anklage lautet auf vorsätzliche Körperverletzung und rechtswidrigen Waffengebrauch, Vergehen gegen die §§ 223a StGB und 140 des Militärstrafgesetzbuchs. — Verhandlungsf.: Erzählen Sie mal, wie die Sache gewesen ist. Angeklagter Leutnant v. Forstner: Am Morgen des 2. Dezember, etwa 6 Uhr 45 vormittag, es war noch dunkel, zog ich mit meiner kriegsstarken Truppe durch Dettweiler durch. An der Brücke fixierte mich ein Mann, wenigstens machte mich Fahnenjunker Wieß darauf aufmerksam, ich sah es dann auch. 50 Schritte später wurden uns Schimpfworte nachgerufen wie «Bettsch....» u. dergl. mehr. Ich ließ darauf Kehrt machen, aber die Leute waren in der Dunkelheit schon wieder in die Häuser hineingelaufen, und es gelang keine Festnahme. Da meldete Wieß, daß er beinahe einen Mann festgenommen hätte, der gerufen habe: «Warte nur, Junge, bald wirst Du gemetzt!» Auf der Straße bezeichnete er mir später Blank als den Mann, der ihm das gesagt hatte. Er fragte mich, ob er ihn festnehmen solle. Ich sagte: «Selbstverständlich.» Er legte darauf dem Mann die Hand auf die Schulter und ich tat das später auch. Der Mann schlug aber um sich und dem Fahnenjunker zweimal ins Genick. Meine Leute griffen nun auch zu, der Mann riß sich aber los und bekam die rechte Hand frei. Er wollte sich auf mich stürzen und mich schlagen. In diesem Augenblick zog ich den Degen und schlug ihn über den Kopf. Nun setzte er seiner Festnahme keinen Widerstand mehr entgegen.
Verhandlungsführer: Es war wohl sehr viel Leben auf der Straße? — Angeklagter: Jawohl, ungewöhnlich viel.
Verhandlungsführer: Sie wußten wohl nicht, daß gerade um diese Zeit in den Dettweiler Schuhfabriken die Arbeit beginnt und die Leute alle zur Arbeit wollten. Hatten Ihre Soldaten das Seitengewehr aufgepflanzt? Angeklagter: Erst später.
Verhandlungsf.: Was hat Ihnen der Fahnenjunker wörtlich gemeldet? Angeklagter: Er sagte, er habe beinahe einen Mann festgenommen, der gerufen habe: Warte nur Junge, Du wirst bald gemetzt; darauf habe der Mann in die Tasche gegriffen und der Fahnenjunker fragte mich, ob er ihn festnehmen solle. Ich sagte: Selbstverständlich! Ich habe dem Mann gesagt, wenn er Widerstand leistet, würde ich von meiner Waffe Gebrauch machen, der Fahnenjunker hat ihm das auch gesagt.
Verhandlungsführer: Haben Sie sich für berechtigt gehalten, den Mann zu verhaften?
Angeklagter: Jawohl.
Verhandlungsführer: Auf Grund welcher Bestimmungen?
Angeklagter: Wir haben gegen jede Schimpferei und Beleidigung von seiten der Zivilisten energisch vorzugehen.

Verhandlungsführer: Wußten Sie, wann Sie eine Verhaftung vornehmen durften?
Angeklagter: Jawohl.
Verhandlungsführer: In welchem Fall denn?
Angeklagter: Wenn Zivilisten tätlich werden.
Verhandlungsf.: Glauben Sie berechtigt zu sein, einen Beleidiger auch festzunehmen, längst nachdem die Beleidigung gefallen ist?
Angekl.: Jawohl, wir sind berechtigt, einen Beleidiger auf der Verfolgung festzunehmen.
Verhandlungsf.: Das ist wesentlich. Sie wußten also, daß Sie nur auf der Verfolgung den Blank festnehmen konnten, nun können ja Zweifel bestehen, ob Blank wirklich verfolgt wurde. Wollen Sie diese Ansicht äußern?
Angekl.: Jawohl, denn er wurde von dem Fahnenjunker dauernd im Auge behalten.
Verhandlungsf.: Und Sie meinen, daß nur eine ganz kurze Zeit verflossen sei zwischen der Beleidigung und der Festnahme?
Angekl.: Jawohl.
Verhandlungsf.: Haben Sie den Befehl bekommen, daß Sie scharf vorgehen sollen?
Angekl.: Jawohl.
Verhandlungsf.: Wie waren diese Befehle?
Angekl.: Wir sollten uns keine Beleidigungen und Ausschreitungen von der Zivilbevölkerung gefallen lassen. Es waren mehrfach Befehle gekommen vom Generalkommando und auch vom Regiment, scharf vorzugehen und sich nichts gefallen zu lassen. Wenn Blank sich nicht gewehrt hätte, so hätte ich ihn dem Bürgermeister übergeben und es wäre weiter nichts geschehen.
Verhandlungsf.: Meinen Sie, daß Blank Sie vorsätzlich geschlagen hat, oder wehrte er sich nur gegen die Festnahme?
Angekl.: Darauf habe ich nicht geachtet, ich sah nur, daß der Fahnenjunker mit dem Gewehrkolben um sich schlug, weil Blank sich wehrte, und ich habe auch gesehen, daß Blank mehrere Schläge mit dem Kolben bekommen hat.
Vorsitzender: Weshalb haben denn dann noch Sie eingegriffen?
Angekl.: Weil Blank die rechte Hand losbekam und eine kräftige Vorwärtsbewegung machte, so daß ich annehmen mußte, daß er im nächsten Moment auf mich losstürzen würde. Hätte ich nicht von der Waffe Gebrauch gemacht, so hätte er sich auf mich gestürzt und es war mir jede Möglichkeit genommen, mir selbst Satisfaktion zu verschaffen.
Verhandlungsf.: Wieviel Soldaten waren dabei?
Angekl.: Bei der Festnahme etwa vier bis fünf.

Verhandlungsf.: Hatten Sie das Seitengewehr aufgepflanzt?
Angekl.: Ja, später auch der Fahnenjunker.
Verhandlungsf.: Blank sagt nun, er hätte gar nicht daran gedacht, Sie anzugreifen, er hätte sich nur freimachen wollen.
Angekl.: Den Eindruck hatte ich nicht, sondern, daß er sich im nächsten Moment auf mich stürzen würde.
Verhandlungsf.: In welcher Entfernung war Blank von Ihnen?
Angekl.: Etwa drei bis vier Schritte.
Verhandlungsf.: Mußten Sie sich nicht sagen, daß, wenn Blank sich wirklich freimachen würde, die Musketiere ihn wieder fassen würden?
Angekl.: Jawohl, aber dann hätte ich inzwischen den Schlag wegbekommen.
Verhandlungsf.: Hätten denn die Soldaten, die herumstanden, den Schlag nicht verhindert?
Angekl.: Nein, Blank hatte sich schon mehrfach losgerissen, er sagte, er brauche sich nichts gefallen zu lassen, er habe nichts getan, er brauche nicht mitzugehen. Ich sagte ihm beruhigend, wenn er nichts getan hätte, dann könnte er ja ruhig mitkommen, er würde dann sofort freigelassen werden. Aber er ließ sich nicht beruhigen.
Verhandlungsf.: Sie glauben, daß Sie auch nicht in Bestürzung, Furcht oder Schrecken gehandelt und in diesen Gefühlen die Notwehr überschritten haben?
Angekl.: Nein. Erst nachdem der Mann den Hieb bekommen hatte, hat er sich nicht mehr gewehrt.
Verhandlungsf.: Nein, da war er ganz ruhig!
Verteidiger: Ist es richtig, daß sich alles sehr rasch abgespielt hat, daß der Leutnant bestürzt war und er deshalb zum Degen gegriffen hat?
Angekl.: Die ganze Sache hat drei bis vier Minuten gedauert.
Verhandlungsf.: Das ist aber immerhin eine ganze Weile; der Verteidiger will wissen, ob Sie so bestürzt waren, ob Sie aus Bestürzung zur Waffe gegriffen haben?
Angekl.: Ich war natürlich erstaunt, daß der Mann auf mich zugestürzt ist.
Damit ist die Vernehmung des Angeklagten beendet und es beginnt die der Zeugen. Als erster wird der Fabrikschuster Blank vernommen: Von Schimpfereien habe ich nichts gehört und ich war sehr erstaunt, daß ich verfolgt wurde.
Verhandlungsf.: Haben Sie nicht dem Soldaten, der hinter Ihnen hergelaufen ist, gesagt: «Warte du Junge, du wirst noch gemetzt!»
Zeuge: Davon habe ich nichts gehört, ich habe es auch nicht gesagt.
Verhandlungsf.: Was geschah weiter?
Zeuge: Ich wurde von dem einen Soldaten gepackt, dann kam auch der

69

Herr Leutnant und dann die andern Soldaten. Ich sagte, daß ich nichts gemacht habe, und versuchte mich zu befreien.

Verhandlungsf.: Wurden Sie nicht auch mit dem Gewehrkolben geschlagen?

Zeuge: Das weiß ich gar nicht.

Verhandlungsf.: Und unter welchen Umständen haben Sie den Säbelhieb bekommen?

Zeuge: Das weiß ich im einzelnen auch nicht mehr, ich habe mich eben gewehrt und wollte nicht mit, denn ich hatte ja nichts gemacht.

Verhandlungsf.: Sie sollen einen Arm frei bekommen haben.

Zeuge: Das weiß ich auch nicht mehr.

Vehandlungsf.: Der Herr Leutnant sagte das und dann sollen Sie versucht haben, sich auf den Leutnant zu stürzen. Wollten Sie auf den Leutnant losgehen?

Zeuge: Nee, nee, ich wollte zur Arbeit und loskommen, weiter nichts.

Verhandlungsf.: Es ist wichtig, ob Sie auf den Leutnant losgehen wollten.

Zeuge: Nee, nee.

Verhandlungsf.: Haben Sie sich über den Leutnant geärgert, der doch befohlen hatte, daß Sie festgenommen werden sollten?

Zeuge: Nee, nee.

Verhandlungsf.: Es ist wohl alles sehr schnell gegangen?

Zeuge: Ja.

Es werden dann einige Zivilpersonen als Zeugen vernommen, die bekunden, daß Schuster Blank lediglich Abwehrbewegungen gemacht habe, um frei zu kommen. Diese Zeugen haben nicht den Eindruck gehabt, daß Blank auf den Leutnant Forstner losgehen wolle, und sie sind der Meinung, daß so viele Soldaten da waren, daß der Leutnant keinen Gebrauch von der Waffe hätte machen müssen.

Verteidiger: Blank soll gesagt haben, er schlage dem Leutnant eins in die Fresse, wenn er ihn nicht loslasse.

Ein Zeuge bekundet darauf, daß Blank nur gesagt habe: Lassen Sie mich los, oder ich schlage Ihnen eins auf die Schnüssel.

Zeuge Fahnenjunker Wieß bekundet, daß hinter der Truppe Schimpfworte hergerufen wurden. Er sei der Meinung gewesen, daß auch Blank gerufen habe, und Blank habe ja später auch noch gerufen: «Warte, du Junge, du wirst noch gemetzt.» Der Zeuge bleibt trotz der Vorhaltungen des Verhandlungsführers, ob nicht ein anderer diese Drohung ausgestoßen habe, dabei, daß nach seiner Meinung Blank dies gerufen habe und deshalb auch festgenommen wurde. Gefreiter Schweinitz bekundet, daß der Fahnenjunker ihm Blank als den bezeichnet habe, der geschimpft habe und der festzunehmen sei. Blank habe sich aber gewehrt.

Der lahme Schuster Blank von Dettweiler, der durch einen Säbelhieb des Leutnants v. Forstner unter Beihilfe einer Anzahl Soldaten bei der Schlacht von Dettweiler mit Heldenmut zur Strecke gebracht wurde.

Verhandlungsf.: Haben Sie den Eindruck gehabt, daß sich Blank auf den Leutnant stürzen wollte?

Zeuge: Diesen Gedanken habe ich nicht gehabt.

Verhandlungsf.: Hätten Sie zugelassen, daß der Mann sich auf den Herrn Leutnant gestürzt hätte?

Zeuge: Das hätte ich natürlich niemals zugelassen, da hätten wir sofort zugegriffen.

Eine Reihe weitere Zivilzeugen bekunden, daß die Soldaten gegen Blank sehr scharf vorgegangen sind. Ein Zeuge erklärt, die Soldaten hätten Blank schlechter behandelt wie ein Stück Vieh.

Zeuge Lehrer Ziegemeier, Dettweiler, wird gefragt, ob ihm bekannt sei, daß Blank ein zu Gewalttätigkeiten neigender Mensch sei. Der Zeuge erklärt, davon nichts zu wissen, und macht weiter Angaben darüber, daß die Soldaten unter Absingung eines unschönen Liedes durch Dettweiler gezogen seien. Zeuge Schlossermeister Claß bestätigt das.

Verhandlungsf.: Was war denn das für ein Lied?

Zeuge (zögernd): Es hieß: (Der Zeuge gibt ein nicht wiederzugebendes zotiges und zynisches Lied an).

Vor der Vereidigung richtet der Verhandlungsführer noch einmal an den Fahnenjunker Wieß die eindringliche Frage, ob er unter dem Eid aufrecht erhalten könne, daß Blank gerufen habe.

Zeuge Fahnenjunker Wieß: Nach meiner Meinung kann nur der gerufen haben, der später festgenommen worden ist.

Verhandlungsf.: Es ist nun auffällig, daß Sie niemals gesagt haben, daß der Mann hinkt, das hätten Sie doch sehen müssen. Sie sollten ihn doch im Auge behalten und da gibt es doch gar nichts auffälligeres, als den Umstand, daß einer hinkt.

Zeuge: Das war mir damals nicht aufgefallen, auch nicht bei der Verhaftung, ich habe es erst in den Zeitungen gelesen. (Heiterkeit.)

Auf Aufforderung des Verhandlungsführers geht der Zeuge Blank dann mehrmals durch das Zimmer, man sieht, daß er ziemlich stark hinkt.

Zeuge Wieß: Ich möchte beschwören, daß es nach meiner Meinung kein anderer gewesen sein kann.

Nach einer kaum zwanzig Minuten langen Beratung verkündet das Gericht das Urteil.

In der Begründung des Urteils heißt es, daß die Beweisaufnahme ergeben habe, daß sich v. Forstner strafbare Handlungen gegen die §§ 223a St.G.B. hat zuschulden kommen lassen. Strafausschließungsgründe liegen nicht vor, ebenso liegt auch Putativnotwehr nicht vor. Der Angeklagte hatte Soldaten zu seiner Verfügung, er war nicht mehr verpflichtet oder berechtigt, seinerseits mit dem Säbel zu schlagen. Er hat sich strafbar

72

gemacht, denn er hat nicht aus Bestürzung oder Furcht gehandelt. Es muß daher Bestrafung eintreten. 43 Tage erscheinen als eine ausreichende Sühne, denn es handelt sich um einen jungen Offizier, der sehr stark gereizt war durch die verhetzenden Schreibereien von Zeitungen und Einzelpersonen. Außerdem kam in Betracht, daß die Verletzung nicht sehr schwer war, da der Verletzte nach acht Tagen wieder arbeitsfähig war. Forstner wird Berufung einlegen. (Germania, 19. Dezember 1913, Abendausgabe)

Erklärung des Berliner Polizeipräsidenten. Zum Prozeß Forstner sendet uns der Herr Polizeipräsident von Berlin folgende Erklärung: Militärische Übungen sind Akte der Staatshoheit. Werden ihnen Hindernisse bereitet, wie in Dettweiler, so gilt für deren Beseitigung das gleiche. Strafverfolgung wegen eines Aktes der Staatshoheit ist unzulässig, ein selbstverständlicher Rechtsgrundsatz, der übrigens im § 7 des preußischen Gesetzes betreffend die Konflikte bei gerichtlichen Verfolgungen wegen Amts- und Diensthandlungen vom 13. Februar 1854 (Gesetzsammlung S. 86) für Beamte auch ausdrückliche Anerkennung gefunden hat. Also durfte gegen den Leutnant v. Forstner Anklage nicht erhoben werden, geschweige denn Verurteilung erfolgen. Anscheinend hat das Gericht erster Instanz diesen Gesichtspunkt nicht geprüft; die Berufungsinstanz wird ihn der Beratung vorweg zugrunde zu legen haben. Wäre die Rechtslage anders, so bedürfe sie schleunigster Änderung. Denn wenn unsere Offiziere, noch dazu solche, die fast in Feindesland stehen, die Gefahr einer custodia inhonesta laufen, weil sie für Ausübung des königlichen Dienstes freie Bahn schaffen, dann erwächst dem vornehmsten Berufe Schande. Ein sie schützendes Reichsgesetz, nachgebildet dem genannten preußischen Gesetze, wäre dann dringende politische Notwendigkeit. Dr. jur. von Jagow. (Neue Preußische Zeitung, 22. Dezember 1913, Abendausgabe)

Größte Besorgnis. Ein Mitglied des Herrenhauses schreibt uns: «Die Verurteilung des Leutnants v. Forstner durch das Kriegsgericht erster Instanz zu 43 Tagen Gefängnis hat das größte Erstaunen und die größte Besorgnis hervorgerufen und zwar nicht nur bei Laien, sondern auch bei juristisch Gebildeten. Ein Offizier im Dienst, in Begleitung seiner Truppe, am frühen Morgen, noch in der Dunkelheit, wird auf der Straße provoziert, es kommt zu Tätlichkeiten, zum Handgemenge, dabei zieht der Offizier selbstverständlich den Säbel, der Arretierte erhält dabei eine unbedeutende Verletzung und nun diese unglaubliche strenge Bestrafung für den Offizier!

Wie es nun in der Berufungsinstanz sich gestalten wird, läßt sich nicht voraussehen, ob die Aufhebung des ersten Urteils oder Freispruch oder eine gelindere Strafe. Gewiß ist, daß eine Freisprechung dem Volksgefühl am verständlichsten wäre. Denn es ist immer wieder festzuhalten, daß der Offizier sich im Dienste befand und diesem freie Bahn schaffen mußte. Der Zivilist, der sich mutwillig und frech an der Truppe reibt, kann sich dann nicht beklagen.

Immer wieder kommt der 19. März 1848 in Erinnerung. Damals mußten die braven Truppen durch ein Spalier von Pöbelmassen und Barrikadenkämpfern durch und aus Berlin ausmarschieren, beschimpft, verhöhnt, bespien. Sollen solche Szenen sich wiederholen? Nur gar zu viele würden es wünschen. Aber noch haben wir das Heer von 1866 und 1870 und seinen Kriegsherrn.» (Neue Preußische Zeitung, 24. Dezember 1913, Abendausgabe)

Beschlagnahme. Straßburg, 21 Dezember. Eine Straßburger Grammophonfirma hatte Schallplatten hergestellt, die die Zaberner Vorkommnisse in satirischer Weise behandelten. Die vom Polizeipräsidium verfügte Beschlagnahme hat am Samstag die Bestätigung des Gerichts erhalten. Auch in mehreren Geschäften für Spielwaren wurden komische Puppen, die Typen der Zaberner Vorfälle dargestellt haben sollen, durch die Polizei entfernt. (Zaberner Wochenblatt, 24. Dezember 1913)

W. I. Lenin. Unaufhaltsam reift heran. Es gibt in der Politik ‹Vorfälle›, durch die das Wesen einer bestimmten Ordnung der Dinge irgendwie schlagartig, aus einem verhältnismäßig geringfügigen Anlaß, mit ungewöhnlicher Wucht und Deutlichkeit zutage tritt.

Der Vorfall in Zabern hat gezeigt, daß Marx recht hatte, als er vor bald 40 Jahren das deutsche Staatssystem als einen «mit parlamentarischen Formen verbrämten... Militärdespotismus» bezeichnete.

Nicht die ‹Anarchie› ist in Zabern ‹ausgebrochen›, sondern die wahre Ordnung in Deutschland, die Säbelherrschaft des halbfeudalen preußischen Grundbesitzers hat sich verschärft und ist ans Licht getreten.

Die Stimmung unter den Massen des deutschen Kleinbürgertums hat sich geändert und ändert sich. Die Verhältnisse haben sich geändert, die wirtschaftlichen Umstände haben sich geändert, und sämtliche Pfeiler der ‹ruhigen› Herrschaft des adlig-preußischen Säbels sind unterhöhlt.

74

Der Lauf der Dinge treibt die Bourgeoisie gegen ihren Willen einer tiefgehenden politischen Krise entgegen.

Vorbei die Zeit, da der «deutsche Michel» unter der Obhut der preußischen Purischkewitsch und bei außerordentlich günstigem Verlauf der kapitalistischen Entwicklung in Deutschland friedlich schlummerte. Der allgemeine und völlige Zusammenbruch reift unaufhaltsam heran und rückt näher. (In: Lenin, Zabern (1913), Werke Bd. 19, 3. Auflage, Berlin-DDR 1968, S. 509ff)

Das Christkind. Blättermeldungen zufolge hat das Christkind sich mit besonderer Liebe auf den Truppenübungsplätzen Bitsch und Hagenau umgeben, wo in den Baracken die aus Zabern verbannten 99er kampieren. So reich wie diese 99er hat wohl selten das Christkind Soldaten beschert. Die Geldspenden belaufen sich für beide Bataillone auf annähernd 2.000 Mark; außerdem trafen ganze Berge von Paketen ein. Viele Geldgeschenke stammen von Vereinen und Stammtischgesellschaften. Für das Regiment wird das Weihnachtsfest 1913 eine bleibende freundliche und dankbare Erinnerung hinterlassen. (Zaberner Wochenblatt, 1. Januar 1914)

Prosit und kein Ende. In dem festlichen, buntfarbig glänzenden Speisehause für Unteroffiziere in Oberhofen feierten die Herren Unteroffiziere des 1. Bat. unseres Regiments 99 ihren Silvesterabend. Dankbar und mit glückstrahlender Freude begrüßte Feldwebel Sperling im Namen aller die Damen aus Zabern, welche recht zahlreich hingeeilt, um sich unter den Klängen der Musik von ihren Teueren süßträumend in den Armen wiegen zu lassen. Das Fest wurde mit einem dreifachen Hoch auf den Obersten Kriegsherrn eingeleitet und ein Glas zum Wohle geweiht. Kein Verbannungsgeist schlich sich in die Herzen der Fröhlichen, nur als die Begrüßung der Damen stattfand, wodurch ihre Garnisonsstadt berührt wurde, malte sich etwas Wehmut über aller Züge. Immer enger schmiegten sich die Kreise drehenden Pärchen auf dem spiegelglatten Parkettboden und blickten sich zärtlich in die wonnetrunkenden Äugelein. Einige Unteroffiziere eines Artillerieregiments hatten sich eingefunden und wurden kameradschaftlich begrüßt. Die Zeit rückte vor und ein Horn der Kapelle verkündete schallend durch den Saal das gerade anbrechende neue Jahr. Prosit rüber und hinüber, Glückwünsche, Hoffen und kein Ende. Bunt lief die Menge durcheinander, bis die Kapelle den ersten Tanz im neuen Jahr signalisierte und alles wieder jubelnd zum Tanze eilte. Zur

75

Abwechslung mußten sich die Damen auch die Herren holen und so kam die Stimmung in die gehobenste. Heiter verlief die Verlosung über die drolligen Sachen, welche C. Hildebrandt besorgt hatte. Auch einige Offiziere, Leutnants und ein Hauptmann ehrten das Fest durch ihre Anwesenheit. In fliegendem Tempo trugen dann am frühen Morgen Schlitten und Wagen die Sattgeweideten, Müden in Begleitung ihrer Herrn, welche sich vorher Urlaub erheischten, durch schneebedeckten Wald und glitzerndes Feld nach dem Bahnhof Hagenau, wo unterwegs noch eingedenk des frohen Festes mancher Witz mit schallendem Gelächter geteilt wurde. (Zaberner Anzeiger, 3. Januar 1914)

Die Säbeldiktatur vor Gericht. 1. Tag: Straßburg, 5. Januar 1914. Der größte der militärgerichtlichen Prozesse, die sich an die Zaberner Vorgänge anschließen, hat heute früh vor dem Kriegsgericht der 30. Division begonnen. Die Verhandlung findet im großen Schwurgerichtssaal des Landgerichts statt und dürfte drei Tage dauern. Alle Plätze im Zuhörerraum sind besetzt, der Zugang ist abgesperrt und der Einlaß findet nur gegen Eintrittskarten statt, die zum großen Teil von den Pressevertretern aus aller Welt in Anspruch genommen sind. Den Vorsitz in der Verhandlung führt Generalmajor v. Pelet-Narbonne, Verhandlungsführer ist auch diesmal, wie schon in dem Prozeß gegen die Zaberner Rekruten und in der Verhandlung gegen den Leutnant v. Forstner der Kriegsgerichtsrat v. Jahn. Die Anklage vertritt Kriegsgerichtsrat v. Osiander. Das Kriegsministerium in Berlin hat einen hohen Offizier zur Verhandlung entsandt.
Der Angeklagte Oberst v. Reuter ist ein hochgewachsener, schlanker Mann mit scharfen, energischen Gesichtszügen und grauem Schnurrbart. Der zweite Angeklagte Leutnant Kurt Schadt ist ein jugendlicher Offizier von kleiner Figur und mit einem Anflug von Schnurrbart. Als Zeugen sind geladen das gesamte Offizierkorps des 99. Infanterieregiments, Dutzende von Unteroffizieren und Mannschaften dieses Regiments, eine große Anzahl von Beamten aller Zivilbehörden von Zabern und alle Zivilpersonen, die bei den Unruhen in dieser elsässischen Stadt in dem Pandurenkeller der Kaserne eingesperrt worden sind.
Die Anklage: Nach der Feststellung der Personalien bringt Kriegsrat Osiander die Anklage ein. Sie lautet:
Gegen den Obersten v. Reuter, Kommandeur des Infanterieregiments 99 und den Leutnant Schadt im Regiment 99 wird Anklage erhoben, weil sie hinreichend verdächtig erscheinen,
1. Oberst v. Reuter am Abend des 28. November 1913 in Zabern in fortgesetzter Handlung unbefugt polizeiliche Exekutivgewalt übernommen

76

zu haben, indem er das Publikum unter Androhung von Waffengebrauch zum Verlassen des Schloßplatzes und der Hauptstraße aufforderte und eigenmächtig den Platz und die Hauptstraße durch Untergebene unter dem Befehl des Leutnants Schadt säubern ließ; sodann dadurch, daß er die hierbei auf seinen Befehl festgenommenen Zivilpersonen vorsätzlich widerrechtlich in den Keller der Schloßkaserne eingesperrt und bis zum folgenden Vormittag in Gewahrsam gehalten hat. Vergehen gegen die §§ 132 (unbefugte Ausübung eines öffentlichen Amtes, Gefängnis bis zu einem Jahr oder Geldstrafe bis zu 800 M.), 239 (Freiheitsberaubung, Gefängnis oder Geldstrafe bis zu 2.000 M.), 240 (Nötigung, Gefängnis bis zu einem Jahr oder Geldstrafe bis 600 M.), 73 (Zusammentreffen mehrerer strafbarer Handlungen, Anwendung desjenigen Gesetzes, welches die schwerste Strafart androht) Reichsstrafgesetzbuch und §§ 115 (Mißbrauch der Dienstgewalt, erhöhte Strafe für Täter oder Anstifter), 53 (die erhöhte Freiheitsstrafe kann das Doppelte der für das betreffende Vergehen angedrohten Freiheitsstrafe erreichen) und 54 (Zusammenziehung zu einer Gesamtstrafe) Militärstrafgesetzbuch.

2. Leutnant Schadt in verschiedenen selbständigen Handlungen zu Zabern am 26. November 1913 einen Bankbeamten widerrechtlich durch Gewalt zu einer Handlung genötigt und zugleich des Gebrauchs der persönlichen Freiheit beraubt zu haben, indem er ihn für verhaftet erklärte, durch eine Patrouille abführen und nach der Schloßwache bringen ließ; sodann weiter in Ausübung des Dienstes am 28. November 1913 einen Schlosserlehrling vorsätzlich körperlich mißhandelt und an seiner Gesundheit geschädigt zu haben, indem er ihm einen Schlag ins Gesicht versetzte, sodaß der linke untere Eckzahn abbrach; an demselben Tag in zwei Wohnungen in Begleitung von Patrouillen widerrechtlich eingedrungen zu sein. Vergehen gegen die §§ 123, 223, 240, 73, 74, 61 Reichsstrafgesetzbuch und 54, 55 Militärstrafgesetzbuch.

Vernehmung der Angeklagten: Angeklagter Oberst v. Reuter (mit lauter und fester Stimme): Ich muß eines vorausschicken: Was meine Untergebenen, Leutnants, Unteroffiziere und Musketiere, getan haben, das haben sie lediglich auf meinen Befehl und meine Verantwortung getan und ich trage ganz allein die Verantwortung für das was geschehen ist. (Mit besonderer Betonung): Diese Verantwortung nehme ich voll auf mich. Ich habe etwa vor einem Jahre das Regiment in Zabern übernommen. Ich bin mit der Empfindung nach Zabern gegangen, daß es für mich, nachdem ich in verschiedenen Garnisonen des Reiches tätig gewesen war, von besonderem Interesse sein würde, hier an der Westgrenze auch einmal Dienst zu tun. Dieser Dienst ist ja in militärischer Hinsicht ein besonders interessanter Fall.

Im Manöver hat sich das Regiment gut gehalten und die Anerkennung meiner Vorgesetzten gefunden. Ganz besonders haben sich die jungen Leutnants ausgezeichnet. Trotz der größten Anstrengungen am Tage sind sie nachts frisch und fröhlich auf Patrouille gegangen und haben mir wichtige Meldungen gebracht. Es war eine Lust, das zu sehen, und ich kam mit dem Gefühl aus dem Manöver zurück, daß man mit diesen Leutnants alles machen kann, daß sie so sind, wie man sie im Krieg braucht. Sie können sich denken, meine Herren Richter, daß ein gewisses warmes Gefühl der Anhänglichkeit für diese jungen Offiziere nach dem Manöver sich bei mir eingestellt hat.

Am 6. November 1913 erschien dann im ‹Zaberner Anzeiger› ein Artikel, in dem mitgeteilt wurde, daß der Leutnant Freiherr v. Forstner in der Instruktionsstunde gesagt haben sollte, wer einen Wackes niedersteche, bekomme von ihm eine Belohnung von 10 M. und ein Unteroffizier soll hinzugefügt haben, er würde noch 3 M. extra dazu geben. Die sofort angestellte Untersuchung ergab, daß der Leutnant Freiherr v. Forstner diese Aeußerung nur bedingungsweise getan hatte, für den Fall, daß Soldaten angegriffen würden. Dagegen mußte ich feststellen, daß Mannschaften über Vorgänge, die in der Kaserne sich abgespielt hatten, außerhalb der Kaserne gesprochen und sich mit ihren Beschwerden an einen Zeitungsredakteur gewandt hatten. Ich hatte es bisher für ausgeschlossen gehalten, daß Soldaten von hinten herum sich mit Beschwerden an einen Redakteur wenden, wo sie doch wissen, daß sie den Schutz der Vorgesetzten in hohem Maße genießen, wenn ihnen irgend ein Unrecht geschieht. Von diesem Artikel im ‹Zaberner Anzeiger› nahm nun eine Hetze in der Bevölkerung und eine dauernde Hetze des ‹Zaberner Anzeigers› ihren Ausgang. Es wurde die Versetzung des Freiherrn von Forstner gefordert und Offiziere auf der Straße andauernd gehänselt und geneckt. Vor allem wurde hinter dem Leutnant v. Forstner hergerufen «Bett.....!» und «Das sind die 10 Mark-Offiziere!» Die Schimpfworte mehrten sich, vor allem aber sammelten sich jedesmal, wenn Offiziere über die Straße gingen, Menschen an, die die Offiziere beschimpften und beleidigten. Ferner liefen bei den Offizieren anonyme Drohbriefe ein, die schwer beleidigenden Inhalts waren. Es war z.B. gesagt, daß ein Elsässer der Briefschreiber sei, der bei unserem Regiment gedient habe, uns aber anspucke und verachte. Wir wandten uns um Schutz an die Polizei und die Zivilverwaltung, mußten aber sehr bald ein dauerndes Versagen der Polizei feststellen. Es drängte sich mir immer mehr die Ueberzeugung auf, daß ich die Sache selbst in die Hand nehmen müsse, weil sonst an die Wiederherstellung der Ruhe nicht zu denken sei. So kam der 27. November heran, an dem sich wieder Aufläufe, Versammlungen und immer

78

größere Belästigungen der Offiziere ereigneten. Ich gab deshalb dem Leutnant Schadt den Auftrag, eventuell sehr scharf vorzugehen, die Schreier festzunehmen, da unser Antrag bei der Polizei, die Schreier festnehmen zu lassen, ganz wirkungslos geblieben war. Ich habe ferner aus Anlaß der Tatsache, daß Soldaten außerhalb der Kaserne etwas weitergeplaudert hatten, mit meinem Regiment ein sehr ernstes Wort gesprochen. Ich habe den Mannschaften streng untersagt, irgend etwas, was im Dienst vorkommt, draußen zu erzählen. Kaum hatte ich diese Rede gehalten, als sie auch schon am nächsten Tage in der Zeitung stand. Da sagte ich mir, es ist notwendig, scharf vorzugehen, und das geschah. Es machte auch Eindruck, denn ich brachte nun heraus, wer der Soldat war, der alles zum ‹Zaberner Anzeiger› brachte. Es war zufällig mein Pferdejunge, ein bis dahin von mir sehr geschätzter Soldat, der nun der gesetzmäßigen Strafe verfiel. Am 28. November wurde mir abermals gemeldet, daß sich Menschen ansammelten und mitgeteilt, daß ein Leutnant gezwungen gewesen sei, einen Mann festzunehmen. Die Leutnants waren vom Turnunterricht gekommen und wieder beschimpft worden. Es herrschte große Unruhe und großer Lärm auf den Straßen. Ich selbst sah, wie hinter einem Offizier Leute herschrien und eine große Menge hinter dem Offizier herlief. Wieder war kein Schutzmann zu sehen. Ich fragte mich jetzt, was zu tun ist, und sagte mir, daß ich die Pflicht habe, meine Offiziere zu schützen und daß endlich Ruhe eintreten muß, unbedingte Ruhe. Ich hatte mir am Tage vorher alle Bestimmungen durchgelesen und auch höhere Stellen hatten die Bestimmungen genau angesehen. Ich war berechtigt und verpflichtet, bei Störung der öffentlichen Ruhe als militärischer Befehlshaber für die unbedingte Herstellung der Ruhe zu sorgen, wenn die Zivilbehörde es an dem notwendigen Schutz fehlen ließ. Sobald aber für mich der Zeitpunkt meines selbständigen Eingreifens gekommen war, gingen alle Anordnungen zur Wiederherstellung der öffentlichen Ruhe von mir allein aus und die Zivilbehörden hatten sich zu fügen, bis die Ruhe wiederum hergestellt war.

Verhandlungsf.: Wo steht das?

Angekl. Oberst v. Reuter: In den Vorschriften über den Waffengebrauch des Militärs.

Verhandlungsf.: Sie haben da eine Kabinettsorder aus dem Jahre 1820 im Auge; haben Sie sich über ihre Gültigkeit irgendwie Gedanken gemacht?

Angekl.: Nein. Ich dachte, ich bin preußischer Soldat und was der König sagt, das gilt für mich.

Verteidiger Rechtsanwalt Dr. Grossart: Bestehen denn irgend welche Bedenken gegen die Gültigkeit der Kabinettsorder?

Verhandlungsf.: Das wird im Plädoyer auszuführen sein.

Angeklagter: Ich hatte des Gefühl, daß ein Ende mit den ewigen Beschimpfungen der Offiziere gemacht werden müsse. Aber das war nur zu erreichen, wenn Ernst gezeigt wurde. Daher beauftragte ich den Leutnant Schadt, alle Schreier festnehmen, die Seitengewehre aufpflanzen und es eventuell zum Ernstfall kommen zu lassen. Wir wehrten uns dagegen, daß wir dauernd beschimpft und gehänselt wurden. Nun erteilte ich dem Leutnant Schadt den Befehl zum Ausrücken. Die Straße war schwarz von Menschen, die Leute standen Kopf an Kopf und beschimpften die Soldaten. So schnell aber die Menge sich zusammengefunden hatte, so schnell war sie auch auseinandergelaufen, als das Militär Ernst zu machen schien.

Verhandlungsf.: Wie groß war die Menschenmenge etwa?

Angekl.: Es können 40, 50, vielleicht auch 100 Menschen gewesen sein. Die Menge schrie laut. Ich habe mich an die Seite meines Offiziers gestellt, um eventuell selbst den Befehl zum Schießen zu geben, das wollte ich nicht einem so jungen Menschen allein überlassen. Es kam aber nicht dazu, die Menschen liefen weg. Nach diesem Vorfall telephonierte ich an den Kreisdirektor, um ihm von dem Vorfall Mitteilung zu machen. Der Kreisdirektor aber war zu einem Diner nach Straßburg gefahren, es war niemand bei der Kreisdirektion da. Der Bürgermeister lag im Bett, also war von den obersten Behörden niemand anwesend. Dann wurde mir gemeldet, daß Leutnant Schadt verschiedene Personen, etwa 30, festgenommen hatte, darunter mehrere Mitglieder des Zaberner Gerichts. Ich ging zu diesen Herren in die Wachstube und fragte sie, weshalb sie festgenommen wurden. Landgerichtsrat Kalisch sagte mir, sie seien gerade vom Gericht gekommen und hätten gesehen, wie Soldaten Leute festgenommen haben. Leutnant Schadt hätte auch sie aufgefordert, weiterzugehen, sie hätten aber nicht Folge geleistet, weil der Offizier nicht das Recht gehabt hätte, diese Anordnung zu treffen. Da habe ich dem Landgerichtsrat gesagt: «Es tut mir leid, Herr Landgerichtsrat, aber der Herr Leutnant war im Recht und Sie im Unrecht. Ich hatte ihm befohlen, dafür zu sorgen, daß niemand stehen bleibe und den Befehl mußte er ausführen. Da Sie stehengeblieben waren, mußte er gegen Sie vorgehen.» Ich habe diese Herren vom Gericht sofort entlassen. Die übrigen festgenommenen Personen aber konnten wir nicht sofort entlassen. Wir durften sie nicht der Polizei übergeben, sondern mußten erst einmal genau feststellen, was sie denn getan hatten. Nur dadurch, daß wir jetzt einmal Ernst zeigten und daß die Leute merkten, daß es nicht damit getan war, daß sie aufs Amtsgericht gebracht und daß ihnen da «Danke schön» gesagt werde, war es überhaupt möglich, daß Ruhe eintrat. (Mit besonderer Betonung): Ich bin fest überzeugt, daß ich nur dadurch, daß ich die Leute über Nacht in der Kaserne behielt, erreichte, daß keine Straßenunruhen entstanden und endlich die Zivilbehörden eingriffen. Nur so war es möglich, Blutvergießen zu verhindern.

Verhandlungsf.: Haben Sie nicht mit dem Kreisamtmann gesprochen?

Angekl. Oberst v. Reuter: Jawohl. Der Kreisamtmann Großmann hat mich gefragt, ob ich es zum Blutvergießen kommen lassen würde. Ich sagte, jawohl, es kann Blut fließen und unter gewissen Bedingungen ist es sogar sehr gut, wenn es dazu kommt, denn wir verteidigen das Ansehen und die Ehre der ganzen Armee und die stark erschütterte Autorität der Regierung. Ich habe mich mit Absicht so stark ausgedrückt, nicht aus Blutdurst, sondern weil ich mir sagte: Sage ich dem Kreisamtmann, wir machen nur Spaß, dann geht er hin und sagt den Leuten, es sei nicht so schlimm - und dann werden die Unruhen niemals ein Ende nehmen. Ich hatte die Ueberzeugung, daß unsere Regierung die Zügel auf der Erde schleifen ließ. Nun wird man mich fragen, warum ich die Verhafteten nicht in einem Zimmer untergebracht habe. Es war aber kein Raum in der Kaserne frei, es stand nur ein Keller zur Verfügung. Deshalb wurden die Verhafteten in den Keller gebracht und ein Posten davorgestellt. Das hat mir leid getan, aber ich hatte keinen anderen Raum und die Verhafteten mußten untergebracht werden. Wer Offiziere oder Mannschaften beleidigt, der muß die Konsequenzen tragen! Bald kam ein Arbeiter zu mir und sagte, ich möchte doch seinen Jungen herauslassen, der hätte nichts zu essen. Ich habe das abgelehnt und angeordnet, daß die Leute etwas zu essen bekommen; sie haben auch Decken für die Nacht bekommen und sie wurden auf zwei Räume verteilt, so gut es eben ging. Bis 2½ Uhr nachts fanden Vernehmungen durch die Offiziere statt und am andern Morgen um 8 Uhr ging es weiter. Der Leutnant Schadt muß sich nach meiner Meinung auch berechtigt gehalten haben, in Häuser einzudringen, wenn aus den Häusern geschimpft wurde. Die Soldaten hatten Gewehre mit aufgepflanztem Bajonett mitbekommen, sie mußten sich eventuell gegen Angriffe verteidigen und Ernst machen, wenn sie nicht lächerlich werden wollten. Aber ich glaube, daß ich durch mein Vorgehen die Bevölkerung vor schwererem bewahrt und durchgesetzt habe, was ich wollte, nämlich, daß die Bevölkerung eingesehen hat, daß wir Soldaten nicht dazu da sind, uns beschimpfen zu lassen, daß die Staatsgewalt gewahrt werden muß von der Zivilgewalt oder vom Militär, das ebenso ein Teil der Staatsgewalt ist, wie die Zivilbehörde. Die Zivilbehörde griff immer erst zu spät zu.

Verhandlungsführer: Ist Ihnen nicht das Bewußtsein der Rechtswidrigkeit gekommen, als Sie mit Juristen sprachen?

Angekl.: Nein. Ich habe den Juristen gesagt, jetzt hört alle Jurisprudenz auf, es lag mir auf der Zunge zu sagen: Jetzt regiert Mars die Stunde! Ich habe das aber nicht gesagt, ich habe jedoch auf Grund meiner eigenen Verantwortung entschieden und nach bestem Wissen gehandelt. Was die Juristen für ihre Person sagten, das war für mich nicht maßgebend. Sie waren Partei und ich handelte als Soldat.

Vorsitzender Generalmajor v. Pelet-Narbonne: Dann ist es wohl richtig, daß Sie das Vertrauen zur Polizei vollkommen verloren hatten?

Angekl.: Jawohl, vollkommen verloren.

Damit ist die Vernehmung des Obersten Reuter beendet. Es folgt die Vernehmung des Leutnants Schadt. Auf die Frage des Verhandlungsleiters erklärt er: Die Bevölkerung wollte uns die Straße verbieten, sie verhöhnte und beschimpfte uns, und die Polizei unternahm nicht das geringste. Wir waren vollkommen schutzlos, das Volk konnte johlen und brüllen, und wir sollten nicht mehr auf die Straße gehen. da gab Oberst Reuter uns und besonders mir den Befehl, vorzugehen, die Schreier festzunehmen und dann zu vernehmen. Zuerst habe ich den Bankbeamten Cahn festgenommen, der mich ausgelacht hatte.

Verhandlungsf.: Haben Sie denn gesehen, daß Cahn gelacht hat?

Angeklagter Schadt: Persönlich habe ich ihn nicht lachen sehen, aber ich hatte ihn in Verdacht, daß er gelacht hätte. (Heiterkeit.) Zwei meiner Leute wollen beschwören, daß sie ihn haben lachen sehen. Das Johlen und Pfeifen der Menge wurde immer schlimmer, und deshalb befahl uns Oberst Reuter, wenn die Schreier in die Häuser flüchteten, auch dort einzudringen und die Leute festzunehmen. Ich hielt mich dazu für berechtigt, weil es sich ja um eine Festnahme auf frischer Tat handelte. Als wir die Straße säuberten, gingen die Arbeiter ruhig weiter, aber die Herren vom Gericht weigerten sich. Der Staatsanwalt nahm sogar eine herausfordernde Haltung ein. (Heiterkeit.) Landgerichtsrat Kalisch sagte mir, ich hätte ihm gar nichts zu sagen, und da habe ich ihn selbstverständlich festgenommen. (Heiterkeit.) Einer Körperverletzung habe ich mich nicht schuldig gemacht. Ich habe den Jungen, den ich verletzt haben soll, gar nicht angefaßt. Wir haben alle verhaftet, die wir im Verdacht hatten, uns beleidigt zu haben. Denn die Bevölkerung war zu feige, uns ins Gesicht hinein zu beleidigen. Die schlimmsten Elemente versteckten sich in der Menge, und wir waren deshalb auf Vermutungen angewiesen. Nachdem sie die Beleidigungen ausgestoßen hatten, liefen die Schreier in die Häuser hinein, und wir mußten sie natürlich dorthin verfolgen, um sie zu ergreifen. Ich habe sogar einige Haustüren einschlagen müssen.

Zeugenvernehmung: Hierauf beginnt die Zeugenvernehmung und als erstes wird Kreisdirektor Mahl aus Zabern vernommen: Ich bin bei den ersten Vorgängen nicht dabei gewesen und überhaupt außerordentlich

Das Allertollste geschah aber jetzt. Eben war die Sitzung des damals tagenden Wunner-Prozesses zu Ende. Die Richter und Staatsanwälte gingen die Straße hinunter. Sie standen auf dem Kirchplatz und schauten mit grenzenlosem Staunen auf das ungeheuerliche Treiben der Soldaten. «Das ist ja unerhört!» sagte der Staatsanwalt. Er trat auf den Offizier zu, der die nächste Abteilung führte, und sagte: «Das ist ungesetzlich, was Sie da tun.» Aber das focht den Herrn Leutnant nicht an. Stramm und schneidig ertönte das Kommando: «Verhaften Sie diesen Mann» (den Staatsanwalt). Im selben Augenblick wurde auch der Landgerichtsrat Kalisch verhaftet und abgeführt. Als Landgerichtsrat Beemelmans und noch einige Kollegen von ihm dies bemerkten, kamen sie herbei und erklärten: «Wenn unsere Kollegen verhaftet sind, sind wir natürlich auch verhaftet.» (Sergeant Höflich) Originalaufnahme von der Verhaftung, 2. von links Landgerichtsrat Beemelmann

wenig über die ersten Vorgänge von Oberst v. Reuter instruiert worden. Man hat den Kreisdirektor, obwohl er der Chef der Polizei ist, völlig ignoriert. Eines Tages lief bei der Ortspolizeibehörde ein Brief des Obersten v. Reuter ein, worin um Schutz gebeten wurde gegen die Belästigungen der Offiziere durch Zivilpersonen. Ich habe daraufhin einen Wachtmeister beauftragt, für den notwendigen Schutz zu sorgen. Er hatte drei Gendar-

83

men und drei Schutzleute zur Verfügung. Es wurde bald auch alles wieder ruhig. Ich habe der Schutzmannschaft außerdem eingeschärft, gegen Ruhestörungen und Beleidigungen streng vorzugehen. Den Bürgermeister ersuchte ich, alle Polizeibeamten und Feuerwehrleute ständig bereitzuhalten, um eventuell, wenn es notwendig wäre, einzugreifen. Außerdem stellte ich dem Bürgermeister noch eine Anzahl Gendarmen für den Schutz der Offiziere zur Verfügung. Es wurden besonders für die Zeit, wenn Leutnant von Forstner die Ronde hatte, Unruhen befürchtet. Eines Nachmittags wurde gemeldet, daß bei der Ortspolizei vom Oberst von Reuter ein Brief eingelaufen sei, in dem er mit der Verhängung des Belagerungszustandes drohte. Es seien Offiziere von neuem belästigt und gehänselt worden. Ich antwortete, daß ich alle Anordnungen getroffen hätte und treffen würde, um die Offizere zu schützen; das Recht, den Belagerungszustand zu verhängen, stände bei seiner Majestät dem Kaiser. Diesen Brief bekam ich nach wenigen Minuten mit einer Bemerkung des Obersten zurück, daß sich neue Menschenmengen auf den Straßen sammelten, daß die Gendarmen sofort eingreifen sollten und daß er über seine Rechte und Pflichten genau unterrichtet sei. Ich bin dann mit dem Bürgermeister zusammen durch die Straßen gegangen und wir haben uns die Menge angesehen. Sie bestand zu drei Viertel aus Frauen und Kindern. Die Polizei nahm etwa 20 Verhaftungen vor. Aufreizend wirkte es auf die Menge, daß die Offiziere, umgeben von Patrouillen mit aufgepflanztem Bajonett die Straßen auf und ab marschierten und ostentativ den Säbel schleppen ließen. Leutnant v. Forstner tat ein übriges; er stand in der Litewka vor seiner Wohnung und rauchte eine Zigarette. Mit dem Obersten v. Reuter bin ich in diesen Tagen nur sehr wenig zusammengetroffen. Als ich ihn einmal sah, begrüßte er mich in sehr schroffem Kasernenton.

Oberst v. Reuter (unterbrechend): Dagegen muß ich mich verwahren. Ich habe niemals dem Herrn Kreisdirektor gegenüber einen so schroffen Ton angeschlagen.

Zeuge: Selbst die Offiziere waren darüber entsetzt, wie der Herr Oberst mich anfuhr. Dabei bin ich ein sehr konzilianter Mann.

Anklagevertreter: Haben Sie gehört, daß aus der Menge heraus Vive la France! gerufen wurde?

Zeuge: Nein, aber ich habe gehört, daß die Marseillaise gepfiffen wurde.

Oberst v. Reuter ersuchte mich wiederholt, ich sollte zu ihm kommen, um mit ihm über die Maßnahmen zu sprechen. Das lehnte ich ab, da der Statthalter mir ausdrücklich gesagt hatte, das brauchte ich nicht zu tun, wenn der Oberst etwas von mir wolle, solle er zu mir kommen. Ich habe dann noch im Auftrag des Statthalters eine Reihe von Maßnahmen ge-

84

troffen. Ich habe die Gendarmerie noch weiter verstärkt und die Fabrikbesitzer auffordern lassen, auf ihre Arbeiter beruhigend einzuwirken. Vor allem sollten die Arbeiter am Abend zu Hause bleiben, obwohl am Abend in Zabern viel weniger los war, wie am Tage. Andererseits ließ ich die jungen Offiziere bitten, sich wenig auf der Straße zu zeigen. Oberstleutnant Sonntag als Vertreter des Obersten versprach mir das auch und es hat sehr gut gewirkt. Dann war eine ganze Zeitlang Ruhe in Zabern, bis am 26. November ein Liebesmahl der Offiziere stattgefunden haben soll, nach dem sich die Offiziere auf der Straße sehr laut benommen und Leutnant Schadt gestolpert sein soll. An sich würde ich dabei gar nichts finden. Oberst von Reuter telephonierte mich an diesem Abend an, seine Offiziere würden auf der Straße belästigt.

Verhandlungsf.: Hatten Sie davon nicht schon auf andere Weise etwas erfahren?

Zeuge: Nein.

Verhandlungsf.: Es ist nur merkwürdig, wenn ein Offizier stolpert, erfahren Sie das sofort, wenn aber Offiziere belästigt werden, dann nicht.

Zeuge Kreisdirektor Mahl: Ich habe es erst von Oberst von Reuter erfahren. Obwohl ich Gäste zu Hause hatte, ging ich sofort hinunter und hörte, daß der Bankbeamte Cahn von Leutnant Schadt verhaftet worden sei. Ich habe weiter gesehen, wie Leutnant Schadt mit einer Patrouille von vier Mann mit aufgepflanztem Seitengewehr auf und ab ging. Ich ging auf Leutnant Schadt zu und forderte ihn auf, mit mir auf den menschenleeren Schloßplatz zu gehen und seine Patrouille zurück zu schicken. Er sagte aber, er sei beleidigt worden und hätte jemand verhaftet. Ich habe ihm gesagt, er dürfe niemand verhaften, und wenn er jemand auf frischer Tat festnehme, müßte er ihn sofort der Polizei übergeben, ich würde dafür sorgen, daß die Leute sofort dem ordentlichen Richter vorgeführt werden.

Ein Beisitzer: Hatten Sie den Eindruck, daß Leutnant Schadt bei diesem Gespräch betrunken war?

Zeuge: Jawohl, den Eindruck hatte ich.

Angekl. Leutnant Schadt: Das ist nicht wahr. Als ich an dem Abend dem Kreisdirektor von den Vorfällen Mitteilung machte, hat der Kreisdirektor zu den Leuten, die vor einer Wirtschaft standen, gesagt: Macht doch nicht so viel Lärm, geht nach Haus, und er hat auch mit dem Stock gedroht.

Zeuge Kreisdirektor Mahl: Das ist mir gar nicht eingefallen, zu drohen, im übrigen, wenn die Patrouille nicht gewesen wäre, wäre niemand auf der Straße gewesen. Es war am 27. genau so wie am 28., die Leute sind erst auf die Straße gekommen, als sie die Trommeln hörten.

Angekl. Leutnant Schadt: Ich habe beim Liebesmahl etwas Wein getrunken, aber dann habe ich an einer Turnstunde teilgenommen und ich war in keinem Fall am Abend, während ich mit der Patrouille ging, betrunken.

Verteidiger R.-A. Grossart: Meint der Zeuge, daß Leutnant Schadt betrunken oder angetrunken war?

Zeuge: Er war ordentlich angetrunken. Aber er hat der Uniform, das will ich sagen, keine Unehre angetan, er hat eben einen über den Durst getrunken. (Heiterkeit.) Ich sagte also dem Leutnant Schadt nochmals, daß er Leute nicht verhaften dürfe.

Vert. R.-A. Grossart: Sind denn die Verhafteten, wie Sie sagen, sofort in das Bezirksgefängnis eingeliefert worden und ist das besonders mit Cahn geschehen?

Zeuge: Mit Cahn ist die einzige Ausnahme gemacht worden. Ich hatte die Ueberzeugung, daß man in Cahn den falschen Mann gefaßt hatte, Cahn stand da und heulte, er behauptete, nichts gemacht zu haben und auch ich hatte die Auffassung, daß den Mann keine Schuld trifft.

Verhandlungsf.: Heulen tun sie alle nachher!

Zeuge: Jawohl, aber Cahn gehörte zu den Leuten, die vor der Wirtschaft standen und über die Patrouille gelacht haben. Der Jude stand vorn und wurde festgenommen. Gelacht haben sie aber alle (Heiterkeit).

Vert. R.-A. Grossart: Es ist also festgestellt, daß Cahn gelacht hat.

Zeuge: Jawohl, aber was ist dabei?

Verhandlungsf.: Darüber müssen Sie schon uns das Urteil überlassen.

Zeuge Kreisdirektor Mahl: Am 27. November war ich in Straßburg bei Unterstaatssekretär Mandel zum Diner. Der kommandierende General v. Deimling war auch da. Plötzlich kam ein Telegramm: «Aufruhr in Zabern.» Ich wollte sofort nach Zabern fahren, aber da sagte Exzellenz Mandel: Sie kommen doch schon zu spät; jetzt ist alles passiert. Ich habe wiederholt gebeten, nach Zabern fahren zu können, aber Exzellenz Mandel ließ mich nicht fahren.

Anklagevertreter: Ist nicht auch telephoniert worden?

Zeuge: Jawohl. Wir waren noch bei der Suppe und da wurde schon zum zweitenmal aus Zabern telephoniert.

Vorsitzender Generalmajor v. Pelet-Narbonne: Also der Notschrei aus Zabern wurde bei Tisch besprochen?

Zeuge Kreisdirektor Mahl: Jawohl. Es wurde nur über Zabern gesprochen. Der Präsident der Reichsbahnen, der ebenfalls beim Diner war, wollte mir einen Extrazug zur Verfügung stellen. Aber Exzellenz Mandel sagte: Bleiben Sie nur ruhig hier.

Ich habe alles getan, was in meiner Macht stand, um das Militär zu schützen. Wenn ich mehr getan hätte, als ich getan habe, so wäre ich kein

86

Kreisdirektor, sondern ein Angstmeier. Wenn die Leute so viele Gendarmen auf der Straße sehen, ohne daß Unruhen sind, so wird darüber gelacht. Meine Kollegen sagten mir, ich hätte eher zu viel getan, als zu wenig. Am 29. November hatte ich dem Oberst v. Reuter im Auftrage des Unterstaatssekretärs Mandel mitgeteilt, daß er keine polizeilichen Rechte ausüben dürfe und sich aller Maßnahmen nach dieser Richtung enthalten müsse, da ich selbst die Ruhe und Ordnung aufrecht zu erhalten und dafür die Verantwortung zu tragen habe. Trotzdem wurden noch am 30. November Leute verhaftet.

Verhandlungsf.: Sie sind aber sehr bald entlassen worden?

Zeuge: In einem Fall ist die Freilassung verweigert worden, weil man sagte, man müsse die Verhafteten erst vernehmen. Ich sagte, daß auch dazu kein Recht bestünde, und daß die Verhafteten sofort der Polizei zu übergeben seien. Man sagte daraufhin, der Oberst habe befohlen, die Leute immer erst zu vernehmen. Ich habe dann zugelassen, daß die Leute schnell vernommen werden und dann der Polizei übergeben werden und schließlich sind sie ins Bezirksgefängnis gekommen. Am 1. Dezember kam Generalmajor Kühn nach Zabern und von nun an war der Kontakt zwischen Militär und Zivilbehörden wieder hergestellt. General Kühn hat meine Maßnahmen gebilligt und mir gesagt, daß auch der kommandierende General meine Maßnahmen gebilligt hätte. Am Schluß sind wir, um auch die äußerliche Uebereinstimmung zwischen Militär und Zivil zum Ausdruck zu bringen, zusammen durch die Straßen gegangen.

Verteidiger Rechtsanwalt Grossart: Ist der Herr Kreisdirektor nicht der Meinung, daß, wenn man am 28. November die eingesperrten Leute aus der Kaserne nach dem Bezirksgericht transportiert hätte, zweifellos eine Revolte ausgebrochen wäre?

Zeuge: Das ist ganz ausgeschlossen. Die Zaberner Bevölkerung ist die ruhigste, die es überhaupt gibt.

Angekl. Oberst v. Reuter: Es ist wiederholt gesagt worden, meine Offiziere seien ostentativ durch die Straßen gegangen. Meine Offiziere hatten ein gutes Gewissen und brauchten sich nicht zu verstecken. Wenn Leutnant v. Forstner von der Kaserne nach seiner Wohnung oder sich etwas kaufen ging, so war das sein gutes Recht. Charakteristisch dafür, wie empfänglich selbst gebildete Leute für das sogenannte ostentative Auftreten der Offiziere sind, ist, daß jetzt der Staatsanwalt in Zabern sich darüber aufgehalten hat, daß unsere Damen, die doch jetzt in Zabern auf sich angewiesen sind, zusammen Spaziergänge machen. Dabei haben sich unsere Damen nicht in der Stadt getroffen, sondern erst draußen. Trotzdem hat der Herr Staatsanwalt gesagt, es sei nicht schön, wenn die Damen des Militärs so ostentativ und aufreizend wirken. Es ist das ein Be-

weis dafür, wie empfänglich man in Zabern für dieses (Heiterkeit) angeb-
liche ostentative Auftreten ist.

Angekl. Leutnant Schadt: Wir sind früher jeden Tag spazieren gegangen
und keiner hatte etwas dagegen. Erst später hat der Pöbel und das Volk
uns die Straße verbieten wollen und das brauchen wir uns nicht gefallen
zu lassen. Der Staatsanwalt in Zabern hat gesagt, ich hätte in jenen Tagen
mit Absicht meine Dogge mit mir herumgeführt, wahrscheinlich, um sie
auf das Volk zu hetzen. Ich habe meinen Hund jeden Tag bei mir. Wenn
ein Offizier beleidigt wird, ist er Manns genug, sich zu verteidigen, und
braucht keinen Hund dazu.

Zeuge Regierungs- und Kreisamtmann Großmann: Erst Ende November
meldete man mir, daß militärische Patrouillen mit aufgepflanztem Seitengewehr durch die Straßen gingen und Leute verhaftet wurden. Ich bin auf
die Straße gegangen und habe allerdings viel Verkehr gesehen, aber
nicht mehr, wie an jedem Sonntagnachmittag in Zabern ist. Auf der
Straße war eigentlich noch weniger Vekehr, nur an den Haustüren standen viele Menschen und an den Fenstern, die sich alle das Schauspiel mit
ansehen wollten.

Verhandlungsf.: Wurde nicht gejohlt?

Zeuge: Ich habe nichts davon gehört, sondern nur, daß gepfiffen wurde.
Plötzlich meldete man mir, daß Landsgerichtsrat Kalisch verhaftet sei.
Ich sah in der Gruppe der Verhafteten auch noch den Herrn Staatsanwalt
und fragte den Offizier, was er eigentlich mache. Er sagte, die Leute seien
stehen geblieben. Ich antwortete, das sei doch nicht verboten. Darauf
erwiderte er, jawohl, das sei verboten, er handele nach dem Befehl des
Oberst. Ich habe dann nach Straßburg telephoniert in das Haus des
Unterstaatssekretärs Mandel, wo der Herr Kreisdirektor zum Diner war.
Exzellenz Mandel kam selbst ans Telephon und ich teilte ihm mit, daß Patrouillen mit aufgepflanztem Seitengewehr durch die Straßen ziehen,
Richter verhaftet haben und neue Unruhen zu befürchten seien. Ich sagte
am Telephon, Exzellenz Mandel möchte zu erreichen suchen, daß der
kommandierende General v. Deimling dem Obersten Anweisung gebe,
die Patrouillen zurückzuziehen. Ich bin dann in die Kaserne zu dem Herrn
Obersten gegangen.

Verhandlungsführer: Da waren die Gerichtsbeamten wohl schon entlassen?

Zeuge: Ja. Ich bat Herrn Oberst v. Reuter, die Patrouillen zurückzuziehen.
Darauf sagte er, wenn ich deshalb gekommen wäre, dann hätte jedes
weitere Vehandeln keinen Zweck. Ich sei nicht sein Vorgesetzter und er
nicht mein Untergebener. Die Zivilbehörden hätten versagt, Gendarmerie und Polizei seien machtlos, seine Offiziere würden in der unflätigsten

88

Weise auf den Straßen beleidigt, er auch, er werde gegen jede Beleidigung vorgehen. Der Schloßplatz sei voll Menschen, wenn es nicht anders würde, würde er schießen lassen. Ich sagte, daß ich zu ihm gekommen wäre, um dieses Unglück abzuwehren. Darauf erwiderte er: «Ich halte es viel eher für ein Glück, wenn jetzt Blut fließt!» (Anhaltende Bewegung.) Er führte weiter aus, er sei es der deutschen Armee und seinen Offizieren schuldig, der Uniform Achtung zu verschaffen und auch dem Vaterland sei er es schuldig nun einmal dreinzuschlagen, um die Fortsetzung der Beleidigungen zu hindern. Ich sah ein, daß ich nichts bei ihm erreiche, ich entnahm im Gegenteil seinen Darlegungen, daß der Oberst zum äußersten entschlossen war. Deshalb sagte ich nur noch, daß die Gendarmerie und die Polizeimannschaften Anweisung erhalten würden, dafür zu sorgen, daß auch nicht einmal jemand auf der Straße stehen bleiben dürfe. Ich wollte nur das Aeußerste verhindern. Eine gesetzliche Grundlage für meine Maßnahmen hatte ich nicht. Ich gab sofort den Gendarmen die erforderlichen Anweisungen, die Patrouillen wurden aber nicht zurückgezogen. 12 Mann mit aufgepflanztem Seitengewehr hielten den ganzen Fahrdamm besetzt, sodaß nur die Trottoirs freiblieben und zogen die Straße entlang. Wer auf dem Fahrdamm war, mußte weg. Die Leute sind den Befehlen sofort nachgekommen. In einem Fall habe ich gesehen, daß ein Mann, der mit dem Rücken gegen die Soldaten stand, ohne weiteres verhaftet wurde.

Am nächsten Morgen wurden die Verhafteten in Begleitung von Mannschaften mit aufgepflanztem Seitengewehr in das Gericht geführt. An diesem Tage wurde mir gemeldet, daß Leutnant Schadt mit seinen Leuten in ein Haus eingedrungen sei. Ich ging sofort hin und Leutnant Schadt sagte zu mir, ein Schlosserlehrling, der das Volk aufgewiegelt habe, sei in das Haus geflüchtet und solle nun verhaftet werden. Ich fragte den Leutnant, wer die Polizeigewalt in Zabern hätte. Er sagte, er müsse auf Befehl des Oberst einschreiten. Es stellte sich dann heraus, daß der Lehrling vorne in das Haus hinein und hinten wieder herausgelaufen war (Heiterkeit.) Im übrigen bin ich überzeugt, daß, wenn die Patrouillen zurückgezogen worden wären, Ruhe eingetreten wäre. Die Leute sind nur deshalb herumgestanden, weil Patrouillen zu sehen waren.

Unter allgemeiner Spannung wird nun Leutnant Freiherr von Forstner vernommen. Auch er bekundet, daß die Menge gerufen habe: «Betts....», «Lumpensäcke» und ähnliches.

Verhandlungsf.: Wer hat denn das gerufen?

Zeuge von Forstner: Es waren gewiß auch Kinder darunter, aber zumeist Fabrikarbeiter von 18 bis 20 Jahren.

Verhandlungsf.: Sie sollen vor Ihrer Wohnung in herausfordernder Hal-

89

tung eine Zigarette geraucht und mit gekreuzten Armen dagestanden haben.

Zeuge: Ich habe überhaupt nur einige Minuten vor meiner Wohnung gestanden und bin dann sofort in mein Haus gegangen.

Untere Stadelgasse. Die frühere Wohnung Forstners wird heute als Garage genutzt.

Anklagevertreter: Wann haben die Schimpfereien angefangen?

Zeuge: Schon am 5. November. Von da ab wurde ich jeden Tag, wenn ich durch die Straßen ging, belästigt und es wurde gerufen «Vive la France, Merde la Prusse».

Zeugin Frau Eilis hat am Abend des 28. November gesehen, daß ein 15jähriger Junge hinter dem Leutnant von Forstner «Bettsch...» rief und dann weglief. Zwei Offiziere sind hinter ihm hergelaufen und später ist eine Wache gekommen. Als die Wache kam, hat die Menge gelacht. Erst durch die Wache ist es eine größere Menschenmenge geworden.

Verhandlungsf.: Wieviele Menschen waren da?

Zeugin: Etwa 50.

Verhandlungsf.: Wurde auch geschimpft?

Zeugin: Es wurde gerufen «Bettsch...», «Wir sind doch nicht in Rußland, müssen wir uns denn alles gefallen lassen» usw., aber alles erst, als die Wache da war, vorher war es sehr ruhig.

90

Anklagevertreter: War es nicht ein allgemeines Gebrülle und Geschrei?
Zeugin: Nein. Ich habe mich gewundert, wie ruhig die Menge blieb. Bei uns in der Pfalz wär das nicht so ruhig abgegangen. (Heiterkeit) (Vorwärts, 6. Januar 1914)

Der 2. Tag: In der heutigen Sitzung, zu der der Andrang aus allen Teilen von Elsaß und Lothringen beinahe noch stärker ist, wird die Zeugenvernehmung fortgesetzt.
Zeuge Leutnant Bethke macht Angaben über die Gründe, aus denen er Verhaftungen vorgenommen hat: Ich habe einen Mann festgenommen, der mir absichtlich den Weg vertrat.
Verhandlungsf.: Schimpfte er?
Zeuge: Nein. Aber er trat mir immer in den Weg. Ich befal deshalb meinen Leuten, von der Waffe Gebrauch zu machen, nämlich den Kolben zu nehmen. Ein Mann wollte Reißaus nehmen, ein Musketier nahm ihn fest und am andern Tage zeigte er mir noch die Kratzwunden, die der Verhaftete ihm beigebracht hatte.
Verhandlungsf.: Warum wurde dieser Mann festgenommen?
Zeuge: Aus einer Gruppe der Ansammlungen wurde uns zugerufen: «Diese Bestien!» Ich ließ die Leute festnehmen, von denen ich annahm, daß sie gerufen hatten. Ein andermal habe ich einen jungen Mann festgenommen, der einer Gruppe angehörte, die uns verhöhnte und auslachte.
Verhandlungsf.: Wie viel Mann haben Sie im ganzen verhaftet,
Zeuge: Etwa sieben.
Verhandlungsf.: Was wurde geschimpft?
Zeuge: «Dreizehn-Mark-Offiziere!» Auf der Straße waren sehr viele Menschen, aber sehr wenig oder gar keine Sicherheitsbeamten.
Verhandlungsf.: Früher haben Sie gesagt, Sie hätten den ersten Mann festgenommen, weil er Ihnen den Weg versperrte und sich über Sie lustig machte.
Zeuge: Jawohl, er drehte sich immer um und lachte uns aus.

Witwe Evers 3. Die nächste Zeugin, Frau Evers, wohnt neben dem Hotel ‹Zum Karpfen› und bekundet, daß an einem Abend, als die Offiziere im Hotel waren, die Menge draußen schrie: «Dreizehn-Mark-Offiziere, Dreckschwob, Saupreuß, Blutsauger, die Hunde sollen erüskommen, wo ein Schwob hinsch....., wächst kein Gras mehr.» Und auch der Oberst sei beschimpft worden wie sonst, mit «seidenes Kaninchen», «Schloßgeist» usw.

Verhandlungsf.: Diese Schimpfereien waren also in Zabern an der Tages-
ordnung?
Zeugin: Jawohl, es war einfach furchtbar. Es wurde auch gerufen «Vive la
France».
Verhandlungsf.: Waren das Zaberner, die das riefen?
Zeugin: Die waren auch darunter. Die Offiziere wurden regelrecht verhöhnt. Ich habe gehört, daß sogar eine Prämie von 10 Mark ausgesetzt
worden ist, für denjenigen, der den meisten Radau macht. Dann wurde
mir erzählt, daß 200 Genossen aus Mülhausen kommen sollten, um einen Krawall zu provozieren. Es wurde auch gesagt, es müßte südländi-
sches Blut in die Sache hineinkommen, dann erst würde sie richtig. (Die
Zeugen, die das gehört und es dieser Zeugin mitgeteilt haben, werden te-
legraphisch geladen.) Es war eine Schande, daß so eine Hetze in Zabern
getrieben wurde. Ich habe das schon früher gesagt, es aber auf Verlangen des Bürgermeisters zurückgenommen. Ich habe das getan nicht aus
Ueberzeugung, sondern weil ich als alleinstehende Frau nicht in die Zeitung kommen wollte, womit mir der Bürgermeister drohte. Er sagte, es sei
gar nicht so schlimm, die Zaberner wollten nur einmal kreischen, totge-
schlagen hätte man den Leutnant v. Forstner niemals. Ich habe infolge
meiner früheren Aussagen bereits schwere geschäftliche Schäden gehabt. Der Oberst v. Reuter ist ein herzensguter Mann. Ein Milchmann in
Zabern, der früher in Köln bei ihm gedient hatte, stellte sich ihm auf der
Straße einmal vor und der Oberst hat seine Freude darüber ausgesprochen, ihn auf der Straße ein Stück begleitet und als dem Milchmann ein
Kind starb, hat der Herr Oberst einen sehr schönen Kranz geschickt und
einen rührenden Brief.

Zuerst war keiner da. Es folgt die Vernehmung der Musketiere, die sei-
nerzeit den Leutnant Freiherrn v. Forstner als Patrouille durch die Straßen
begleitet haben.
Sie bekunden, daß sie einen Mann festgenommen haben, der gerufen
hatte «Lump» und «Drecksack».
Verhandlungsf.: Haben Sie auch den richtigen Beleidiger arretiert?
Die Zeugen: Jawohl!
Verhandlungsf.: Waren viele Leute auf der Straße?
Die Zeugen: Zuerst war keiner da, dann aber kamen viele Leute und die
haben geschrien und gejohlt.
Als nächster Zeuge wird der achtzehnjährige Ackermann Kiefer aufgerufen, der zu den neun Leuten gehört, die von diesen Musketieren verhaftet
worden sind.

92

Verhandlungsf.: Sie sind von einer Wache des Leutnants Freiherrn v. Forstner festgenommen worden?
Zeuge: Jawohl, aber ich habe nichts gemacht.
Verhandlungsf.: Haben Sie nicht gerufen «Dreckschwob» und «Drecksack»?
Zeuge: Nein.

Zaberner Hauptstraße. Wer heute gegen 5 und 6 Uhr nachmittags seine Schritte in das sonst so friedliche Städtchen lenkte, glaubt sich in frühere Zeiten zurückversetzt, in denen dem Bürger jedes persönliche Recht genommen und er nur einer «feudalen» Herrschaft untertan war. Soldaten mit schußbereiten Gewehren, Polizisten, Gendarmen, Feldhüter und Feuerwehrleute in allen Gassen... (Der Elsässer, 1913)

Verhandlungsf.: Die Musketiere haben das aber ganz bestimmt gesagt.
Zeuge: Ich habe nichts gerufen und auch nichts gehört.
Die beiden Musketiere erklären: Das ist der Mann, wir kennen ihn wieder, er trug eine grüne Schürze.
Zeuge Kiefer: Ich trug aber eine blaue Schürze! (Heiterkeit!) Andere Jungen trugen eine grüne Schürze.
Zeuge Leutnant Freiherr v. Forstner: Ich kenne den Mann ganz bestimmt wieder.
Zeuge Kiefer: Ich habe aber nicht gerufen, ich bin verhaftet und dabehalten worden.
Verhandlungsf.: Am andern Morgen gab es aber Kaffee und Brot?
Zeuge Kiefer: Jawohl, aber nicht sehr viel (Heiterkeit). Außerdem durfte ich von 2 Uhr nachts bis morgens 9 Uhr nicht austreten.

Leutnant Schadt: Ich hatte selbst die Wache und einer nach dem andern ist von den Leuten ausgetreten. Wir hatten das Empfinden, daß das eigentlich gar nicht nötig war und daß sich die Verhafteten dadurch nur eine Abwechslung verschaffen wollten.

Zeuge Schlosser Habermann, Zabern, ist ebenfalls festgenommen worden.

Verhandlungsf.: Weshalb?

Zeuge: Das weiß ich nicht, ich habe nichts gemacht, ich wollte in die Fortbildungsschule.

Zeuge Leutnant Fontram: Der Zeuge hat in frecher Weise gejohlt und gelacht.

Zeuge Leutnant Schamba: Er hat, als wir ihn festnahmen, gesagt: «Euch wollen wir das schon zeigen.»

Zwei Musketiere bekunden weiter, daß ein Arbeiter Aron von ihnen festgenommen worden ist, weil er gerufen habe: «Dreckschwein, dreckiger Kerl.» Außerdem habe er sich bei der Verhaftung widersetzt, um sich geschlagen und gekratzt. Dieser Arbeiter Aron wird hierauf als Zeuge aufgerufen.

Verhandlungsf.: Sie sollen Dreckschwein gerufen haben?

Zeuge Aron: Das ist nicht wahr. Ich kann Zeugen dafür stellen, daß das nicht wahr ist.

Verhandlungsf.: Sie sollen sich auch widersetzt und losgerissen haben?

Zeuge: Nein.

Verhandlungsf.: Hat vielleicht ein anderer «Dreckschwein» gerufen?

Zeuge: Nein, es war überhaupt niemand da.

Verteidiger R.-A. Grossart: Da war es wohl ganz mäuschenstill?

Zeuge Aron: Ja.

Zeuge Schlosserlehrling Kolb ist ebenfalls verhaftet worden und behauptet gleichfalls, er habe nichts gemacht, er sei zur Wache gebracht worden und habe sich mit dem Gesicht gegen die Wand stellen müssen. Plötzlich sei Oberst v. Reuter gekommen und habe gesagt: «Runter in den Keller.» Um 1 Uhr nachts wurde der Zeuge erst vernommen.

Verhandlungsf.: Was haben Sie nun eigentlich gemacht?

Zeuge: Gar nichts.

Verhandlungsführer: Und was tat die Menschenmenge?

Zeuge: Die brüllte!

Verhandlungsf.: Wer war denn mit drin in der Menge?

Zeuge: Ich kannte niemand.

Verhandlungsf.: Sagen Sie es doch nur, Sie haben es doch früher auch gesagt!

Zeuge: Der Redakteur Wiebicke war auch dabei.

94

Zeuge Musketier Braun bekundet, daß er in das Haus einer Frau Heyl eingedrungen sei, um dort den Schreiner Levy festzunehmen, der geschimpft hatte. Er sei von der alten Frau Heyl, die angeblich zu Tode erschrocken gewesen sei, so kräftig am Arm festgehalten worden, daß er am Weitergehen verhindert wurde.

Zwei Zivilzeugen Litt und Fritsch bestreiten, daß sie Veranlassung zu ihrer Verhaftung gegeben haben. Der Zeuge Fritsch führt Beschwerde darüber, daß er, obwohl er an heftigem Durchfall gelitten habe, in der Nacht in den Keller gesperrt worden sei und zum Austreten nicht herausgelassen wurde. Er wolle deshalb den Oberst v. Reuter verklagen.

Verhandlungsf.: Das können Sie aber hier nicht machen. (Heiterkeit.)

Ein 16jähriger Bursche namens Klemens bekundet, daß er verhaftet worden sei, obwohl er nichts gemacht habe. Einer der Offiziere gibt dazu an, der Junge habe gelacht. Als preußischer Offizier habe er sich aber auf der Straße mit dem Jungen nicht herumschlagen wollen, deshalb sei die Festnahme erfolgt.

Zeuge Arbeiter Kaufmann ist schwerhörig, hat aber trotzdem das Johlen und Pfeifen der Menge gehört. Er will selbst nicht gerufen haben und ist verhaftet worden.

Der Zeuge Sand ist verhaftet worden, weil er sich in einer Menge befand, aus der gejohlt und gepfiffen wurde.

Verhandlungsführer: Haben Sie selbst gejohlt?

Zeuge: Nein, ich war nur auf die Straße gekommen um zu sehen, was los war.

Zeuge Sergeant Bronowski: Leutnant Schadt ließ scharf laden und forderte die Menge auf dem Schloßplatz dreimal auf, auseinanderzugehen. Wir sollten vor allem niemand durchlassen. Da kam ein Mann mit einem Korbe. Ich sagte ihm, ich dürfte ihn nicht durchlassen; er sagte, er käme aus der Fabrik und wollte nach Hause. Ich glaubte ihm das nicht und gab erneut den Befehl, er solle zurückgehen oder ich würde ihn abführen lassen. Ich habe ihm den Befehl zwei- oder dreimal gegeben. Als er nicht gehorchte, gab ich zwei Soldaten den Befehl, den Mann zur Wache zu bringen.

Verhandlungsf.: Haben Sie gehört, daß der Mann geschimpft hat?

Zeuge Bronowski: Nein, aber es wurde allgemein gejohlt und gepfiffen, die Menge wollte uns verspotten.

Zeuge Arbeiter Meier ist der Mann mit dem Korb. Er bekundet, daß er ohne jeden Grund festgenommen worden sei. Man habe ihn am Genick gepackt und Soldaten hätten zu ihm, als er nicht schnell genung ging, gesagt: «Lumpenkerl, wollen Sie weitergehen!» Auf der Wache sei er in die Ecke gestellt worden. Er habe nach Hause gehen wollen, weil er Hun-

ger hatte. Da habe man ihm gesagt: «Ihr Lumpenhunde sollt ruhig sein!»
Im Keller sei es vollkommen finster gewesen. Wenn man sehen wollte,
hätte man erst Streichhölzer anzünden müssen. Erst am andern Morgen
um 10 Uhr sei er verhört worden.
Verhandlungsf.: Weswegen Sie verhaftet wurden, wissen Sie nicht?
Zeuge: Nein, ich habe nichts gemacht. Ich habe mich nirgends aufgehalten. Um 7 Uhr war ich aus der Fabrik gekommen und um 8 Uhr war ich
schon im Keller. (Heiterkeit.)
Zeuge Musketier Schlau hat einen Zivilisten, der verulkende Zurufe gemacht hatte, in ein Haus hinein verfolgt, in das sich dieser geflüchtet
hatte.
Zeugin Frl. Heyl bewohnt mit ihrer Mutter das Haus, in das der Musketier
eingedrungen ist. Sie bekundet, daß dort nach dem Schreier Levy ge-
sucht wurde. Die Zeugin hat auch gesehen, daß der Mann mit dem Korb
verhaftet worden ist. Der Mann wollte nur durchgehen, aber man hat ihn
nicht durchgelassen.
Verhandlungsf.: Die Mutter der Zeugin hat Strafantrag gegen Leutnant
Schadt wegen schwerem Hausfriedensbruch gestellt.
Vert. Rechtsanwalt Grossart: Warum war denn der Levy überhaupt auf
die Straße gegangen?
Zeugin: Er hatte den Lärm gehört.
Vert.: Also war es auf der Straße doch nicht ruhig.
Zeugin: Er hörte nur die vielen Leute hin und her gehen.
Verhandlungsf.: Ein unparteiischer und objektiver Zeuge hat bekundet,
daß aus Ihrem Haus heraus geschimpft wurde.
Zeugin: Davon habe ich nichts gehört.
Zeuge Schreiner Levy bekundet, daß er verhaftet worden sei, aber nichts
gerufen habe. Er kann sich nicht erklären, weshalb man ihn verhaftet hat.
Ein Musketier: Das ist der Mann, der gerufen hat. Als ich auf ihn zuging,
sprang er zur Seite. Wenn er nichts gemacht hätte, hätte er nicht zur Seite
springen brauchen.
Vizefeldwebel Stoll bekundet als Zeuge: Leutnant v. Forstner ging auf den
Schloßplatz. Ein 19jähriger Mann machte hinter seinem Rücken Faxen
und zischte. Der Herr Leutnant nahm den Mann fest. Die Menge machte
Miene, den Mann zu befreien. Ich griff daher zu. Kurz darauf kam die Patrouille und hat den Mann mitgenommen.
Zeuge Kaufmann Kreuzmeier: Als ich am 28. November über den
Schloßplatz ging, schrien Frauen und Kinder laut hinter dem Leutnant v.
Forstner her. Plötzlich drehte sich der Leutnant um und nahm mich fest. Er
brachte mich nach der Wache, wo ich bis zum anderen Morgen festgehalten wurde.
96

Verhandlungsführer: Sie sollen hinter dem Leutnant Faxen und höhnische Zurufe gemacht haben. Sie können die Aussage verweigern.
Zeuge: Ich habe nichts gemacht.
Verhandlungsführer: Verschiedene Zeugen haben es aber gehört.
Zeuge: Ich habe auch meine Zeugen.
Zeuge Leutnant Freiherr v. Forstner: Ich erkenne den Mann bestimmt wieder. Er stand auf der Straße, als ich in meine Wohnung gehen wollte. Ich hatte die Patrouille bei mir. Er stand mit noch zwei Leuten da, und da hörte ich, daß von diesen Leuten «Bettsch...» gerufen wurde. Die beiden anderen liefen weg, dieser Zeuge blieb stehen und wurde festgenommen. Ob er gerufen hat, weiß ich nicht, aber einer von den dreien muß es gerufen haben.
In der fortgesetzten Zeugenvernehmung bekundet der Musketier Paß, daß ein Mann verhaftet wurde, der gesungen hatte.
Verhandlungsf.: Was hat er gesungen? Etwa ein schönes Lied?
Zeuge: Das weiß ich nicht mehr.
Verhandlungsf.: Hatte er gejohlt und gepfiffen?
Zeuge: Nein. Ich habe nur gehört, daß er gesungen hatte.
Verhandlungsf.: Sie sollen abends aus der Kaserne wenig ausgegangen sein. Warum nicht, hatte das einen besonderen Grund?
Zeuge: Ich hatte kein Geld!
Zeuge Konditorgehilfe Simon ist verhaftet worden. Auf die Frage des Verhandlungsführers nach dem Grunde, erklärte er: Weil ich in die Kaserne hineingeguckt hatte.
Verhandlungsf.: Weshalb taten Sie das?
Zeuge: Weil einer abgeführt wurde.
Verhandlungsf.: Sie sollen auch gesungen haben?
Zeuge: Nein, ich bin ohne jede Veranlassung verhaftet worden. Als ich auf die Wachtstube gebracht wurde, fragte ein Unteroffizier mich, was ich getan hätte. Ich sagte, ein Musketier hätte mich auf Befehl eines Leutnants verhaftet. Wenn dieser jetzt sagt, ich hätte damals gesungen, hätte er es damals auch sagen müssen.
Zeuge Leutnant Bethge: Daß dieser Mann gesungen hat, weiß ich nicht, er ist festgenommen worden, weil mehrere gesagt hatten, er hätte gesungen.
Zeuge Leutnant Schäfer: Der Simon hielt sich fortwährend vor der Kaserne auf und benachrichtigte die andern Leute, die weiter entfernt an der katholischen Kirche standen, wenn Soldaten aus der Kaserne herausgingen. Ich habe das fünf- bis sechsmal genau beobachtet.
Zeuge Simon: Das ist nicht wahr. Ich bin ein einziges Mal fortgelaufen und nicht wiedergekommen.

Zeuge Leutnant Schäfer: Ich habe es genau gesehen.

Zeuge Arbeiter Elsensohn: Leutnant Schadt ließ mich verhaften, obwohl ich gar nichts getan hatte. Eine Anzahl Kinder standen um uns herum und schrien Hurra, als ich festgenommen wurde. Da lief Leutnant Schadt mit seinen Soldaten mitten in die Kindergruppe hinein, die auseinanderlief. Ich stellte den Leutnant zur Rede und sagte ihm, daß ich doch gar nichts gemacht hätte. Ich muß dann dem Gerichtshof noch mitteilen die schlechte Behandlung im Keller. Ich leide seitdem an einem Augenübel.

Verhandlungsf.: Wenn Sie einen Schaden erlitten haben, dann müssen Sie vor dem Zivilgericht klagen.

Zeuge: Ich als gedienter Soldat werde doch nicht etwas gegen das Militär unternehmen, ich bin nicht militärfeindlich gesinnt.

Angekl. Schadt: Der Zeuge hatte, so glaube ich, eine Trompete in der Hand.

Zeuge: Das ist nicht wahr.

Verhandlungsf.: Ich glaube, das war ein anderer.

Zeuge Elsensohn: Ich habe gesagt, daß man mich nach Hause gehen lassen soll.

Angekl. Schadt: Ich kann doch auf der Straße mit den Leuten kein Verhör anstellen, wenn sie verdächtigt waren, wurden sie festgenommen und auf die Wache gebracht.

Vert. Rechtsanw. Grossart: Wenn jemand festgenommen wurde, dann wollte kein Mensch etwas gemacht haben.

Musketier Hermann hat einen Metzger Schall festgenommen, weil er gebrüllt und gejohlt habe. Er bekundet: Als Schall abgeführt werden sollte, sagte er: «Ihr dreckigen Hunde, ich darf doch schrei'n!»

Metzger Schall sagte als Zeuge: Ich wurde festgenommen, weshalb weiß ich nicht, ich habe nichts gemacht.

Zeuge Musketier Hermann: Das ist der Mann, der gebrüllt hat.

Zeuge Metzger Schall: Ich habe nicht geschimpft, aber ich bin beschimpft worden.

Verhandlungsf.: Von wem denn?

Zeuge: Man hat Lump zu mir gesagt.

Verhandlungsf.: Wer denn?

Zeuge Schall: Der Oberst v. Reuter.

Angekl. Oberst v. Reuter: Ich entsinne mich allerdings, zu einem der Verhafteten, der in lässiger Haltung dastand, gesagt zu haben, Sie Lump, nehmen Sie die Mütze ab, steht man so vor einem preußischen Offizier in der Kaserne da?

Zeuge Gefreiter Dorr hat den Arbeiter Senkel festgenommen, weil er «dreckiger Schwob» gesagt haben soll.

98

Zeuge: Jawohl, er stand einen Schritt vor mir und wußte nicht, daß ich hinter ihm stand.

Verhandlungsf.: Waren da noch andere Leute?

Zeuge: Zwei, drei Jungen, die uns fortgesetzt belästigten, pfiffen und schrien. Ein Offizier sagte auch, daß sie mit Steinen geworfen hätten. Wenn wir sie festnehmen wollten, rissen sie aus. Wir sind hinterher gelaufen, haben sie verfolgt und schließlich sind wir ihnen in den Rücken gefallen. Sie sprangen in ein großes Brunnenbassin, das leer war, und da haben wir sie herausgeholt.

Anklagevertreter Kriegsgerichtsrat Osiander: Haben Sie gesehen, daß die Leute mit Steinen geworfen haben?

Zeuge: Ich selbst nicht, aber eine Patrouille hat es mir gesagt. Ich habe nur gesehen, daß die Jungen die Bewegungen in der Luft machten.

Es werden dann als Zeugen die drei jungen Burschen aufgerufen, die von den Soldaten verfolgt wurden. Sie bestreiten, daß sie die Soldaten verhöhnt hätten, geben aber zu, gepfiffen zu haben.

Verhandlungsf.: Was haben Sie denn gepfiffen?

Die Zeugen geben an, daß sie ein Lied gepfiffen haben. Ueber das Lied selbst aber machen sie ganz widersprechende Angaben. Der einzelne sagt, es wäre gewesen «Drunten im Tal», der andere «Morgenrot, Morgenrot», der dritte «Muß i denn, muß i denn zum Städtle hinaus?».

Eine Reihe weiterer Zeugen führt Beschwerde über die Behandlung durch die Soldaten auf dem Transport, die sie mit Kolben gestoßen hätten und ähnliche Dinge. Die Zeugen können aber nicht angeben, welche Soldaten das sind. Ein Zeuge Ehrhardt bekundet, daß er gestoßen und geschlagen und von einem Soldaten mit Niederstechen bedroht worden sei, er weiß aber nicht, welcher Soldat in Frage kommt.

Anklagevertreter: Würden Sie den Soldaten absolut nicht wiedererkennen?

Zeuge: Ich glaube nicht. Man hat uns gesagt, wenn wir uns auch nur rührten, würden wir niedergestoßen werden.

Zeuge Gefreiter Dorr: Ich war verantwortlich dafür, daß die Leute auf der Wache eingeliefert wurden. Es machten viele den Versuch, wegzulaufen und da habe ich allerdings gesagt, ich würde von der Waffe Gebrauch machen und einem solchen Mann das Bajonett durch den Leib rennen.

(Vorwärts, 7. Januar 1914)

Auflauf. Zu einem Auflauf kam es am Dienstagabend, als Leutnant von Forstner nach der Verhandlung das Gerichtsgebäude verließ. Zunächst folgten ihm nur einige Leute. Nach und nach jedoch wuchs die Menge

99

immer mehr an, so daß v. Forstner mit einem Begleiter am Alten Wein-
markt einen Straßenbahnwagen bestieg, um nach dem Bahnhof zu fahren. Als der Wagen abfuhr, hörte man aus der Menge vereinzeltes Pfeifen,
worauf die Polizei einschritt, einen fünfzehnjährigen Burschen festnahm
und ihn zur Feststellung seines Namens nach dem Polizeirevier im Alten
Bahnhof verbrachte. (Zaberner Wochenblatt, 7. Januar 1914)

Der 3. Tag: Straßburg, 7. Januar 1914. Zeuge Kreiskommissar Müller:
Von besseren Bürgern Zaberns ist mir die Vermutung geäußert worden,
als ob das Militär auf den 28. November vorbereitet gewesen sei. Der
Pandurenkeller soll schon am Tage vorher ausgeräumt worden sein und
außerdem begründet man in der Zaberner Bevölkerung diese Ansicht mit
dem übermäßigen Aufgebot an militärischer Bereitschaft, mit der Bereit-
stellung der Maschinengewehre. Außerdem sagte das Dienstmädchen
eines Hauptmanns, im Parolebuch habe schon vorher gestanden, daß
die Maschinengewehre bereitzuhalten seien, und ein Offiziersbursche
erzählte, Leutnant v. Forstner hätte gesagt, es würde blaue Bohnen
geben.
Vert. R.-A. Grossart: Wenn in dieser Weise fortgefahren wird, daß hier
angegeben wird, was ein Bursche und was ein Dienstmädchen gesagt
hat, dann können wir in drei Wochen noch hier sitzen.
Angeklagter Oberst v. Reuter: Daß solche Gerüchte aufkommen konnten,
ist mir ganz begreiflich. Als die ersten Unruhen waren, hatte ich angeordnet, daß die Waffen zu verstärken und die Maschinengewehre bereitzuhalten sind. Es war alles in Ordnung. Die Maschinengewehre waren
bereitgestellt worden, um einzugreifen, wenn dies notwendig sein würde. Wir haben erwartet, daß, wenn diese Notwendigkeit sich ergeben
würde, der Kreisdirektor auf uns zurückgreifen würde. Wir mußten bereit
sein. Als Ruhe eintrat, wurde die Verstärkung der Wachen zurückgezogen. Als aber am 26. November erneut Unruhen ausbrachen, ließ ich die
Wachen wieder verstärken und die Maschinengewehre wieder bereit-
stellen, wie es meine Pflicht ist. Ich habe die Offiziere belehrt, daß wenn
wieder mit neuen Unruhen zu rechnen wäre, von der Waffe Gebrauch gemacht werden müßte. Wenn die Kreisdirektion es unterlassen würde,
uns rechtzeitig auf diese Notwendigkeit hinzuweisen, dann war ich ge-
setzmäßig verpflichtet, aus eigener Machtvollkommenheit einzugreifen.
An welchem Tag das geschehen würde, konnte kein Mensch wissen und
war von uns auch nicht zu hoffen. Aber daß es möglich war, wenn wieder
neue Unruhen ausbrechen würden, darüber konnte leider Gottes kein
Zweifel bestehen und daß da der eine oder andere junge Mann etwas

erzählt, ist menschlich begreiflich. Da wird wohl nur ein Wort gefallen sein. Aber es ist nicht richtig, daß es gerade am 28. November eintreten sollte. Wir haben uns gefreut über die Ruhe am 27. November und hätten uns noch mehr gefreut, wenn es auch am 28. ruhig geblieben wäre. Wir hatten nur ein Interesse, unseren Dienst zu tun und gar kein Interesse und keine Neigung, an Stelle unseres Dienstes Polizeidienst zu leisten. Daß wir es tun mußten, ist uns schwer geworden, aber es war nicht zu ändern. Von Vorberatungen für den 28. November kann absolut keine Rede sein.

Verhandlungsführer: Ist der Pandurenkeller vorher geräumt worden?

Angekl. Oberst v. Reuter: Jawohl, wir hatten uns ja den Kopf zerbrochen, wohin wir mit den Verhafteten gehen sollten.

Zeuge Polizeiwachtmeister Mutzschler, Zabern: Am 28. November waren überhaupt keine Leute auf der Straße. Eine Militärpatrouille mußte erst Passanten suchen, sie fand schließlich einen Mann und nahm ihn mit. (Heiterkeit.) Wenn die Patrouillen nicht auf der Straße gewesen wären, so wäre überhaupt kein Mensch auf der Straße gewesen. Am 30. November war in Zabern Kirmes und da waren viel, viel mehr Menschen auf der Straße und alles war ruhig. Richtig ist, daß Feuerwehrleute sich geweigert haben, ordentlich zu spritzen. Sie hatten Angst, verwichst zu werden.

Verhandlungsf.: Ist nach den Polizisten und Gendarmen nicht mit Steinen geworfen worden?

Pandurenkeller, Eingang nach dem 4. Fenster, rechts. Die Zahl der Verhafteten, darunter auch Frauen und Kinder von 14 Jahren, betrug an die dreissig. Sie wurden alle in den ‹Pandurenkeller› verbracht und mussten die Nacht dort zubringen, ohne dass sie zu essen bekamen, ohne dass ihnen Gelegenheit geboten war, ihre Bedürfnisse zu befriedigen, und erst spät in der Nacht hat man ihnen einige Decken zur Verfügung gestellt. Es war die «unverschämteste Freiheitsberaubung, die sich denken lässt», sagte später im Reichstag der Abg. Dr. Haas. (J. Kaestlé)

Zeuge: Ich weiß es nicht, wir haben das nicht so schlimm aufgefaßt.
Zeuge Oberlehrer Bruck wurde auf Antrag der Verteidigung geladen.
Vert. Rechtsanwalt Grossart: Ist es richtig, daß in den Straßen Zaberns ein derartiger Radau war, daß Sie gesagt haben: es ist höchste Zeit, daß das Militär einschreitet.
Zeuge Bruck: Eine Aeußerung in diesem Sinne habe ich tatsächlich getan. Das Vorgehen des Militärs war mir durchaus verständlich. Die Offiziere waren in unglaublicher Weise belästigt worden.
Dann wird als Zeugin das Kinderfräulein des Hauptmanns Voigt, Fräulein Beike, vernommen: Am Abend des 28. November war die Menge feindselig gegen die Offiziere, sie benahm sich wie eine Horde, daß man es sich schlimmer gar nicht denken kann. Hauptsächlich waren Männer darunter, aber auch Kinder, die mit Kot geworfen haben. Die Gendarmen sind merkwürdigerweise nicht eingeschritten.
Zeuge Bankkassierer Cahn: Ich war mit meinen Freunden am 26. November im Hotel zum «Karpfen». Wir hörten Lärm und traten heraus. Da sah ich den Leutnant Schadt mit vier Mann, die Seitengewehr aufgepflanzt hatten, auf und ab gehen, plötzlich kam er auf uns zu und erklärte mich für verhaftet. Er sagte, wenn ich Widerstand leistete, würde er von der Waffe Gebrauch machen. Ich mußte mit ihm ohne Hut und ohne Mantel über den Schloßplatz gehen bis zum Wachtlokal. Dort fragte ich den Leutnant, weshalb ich verhaftet worden sei. Er sagte, einer aus meiner Gruppe hätte gelacht. Wer gelacht habe, das könne er nicht feststellen, er habe mich herausgegriffen und damit sei die Sache erledigt. Ich bat um sofortige Einleitung einer Untersuchung, aber er sagte, die Sache sei erledigt. Ich wurde dann von einem Polizisten abgeholt und auf die Polizeiwache gebracht. Etwa 10 Minuten war ich auf der Kasernenwache gewesen und eine Viertelstunde wurde ich auf der Polizeiwache festgehalten und zwar wurde ich freigelassen erst auf persönliche Vermittlung des Kreisdirektors Mahl.
Verhandlungsf.: Haben Sie gelacht?
Zeuge: Ich betone ausdrücklich, daß ich nicht gelacht habe, daß ich keine Bewegung gemacht habe und daß ich dem Leutnant Schadt zu seinem Vorgehen nicht den geringsten Anlaß gegeben habe.
Es werden dann die vier Musketiere vernommen, die Leutnant Schadt begleiteten. Sie bekunden, daß nach ihrer Meinung der Zeuge Cahn eine lächelnde Miene gemacht habe. Einige Freunde des Zeugen Cahn bekunden dagegen, daß nach ihrer Ueberzeugung Cahn nicht gelacht habe.
Hierauf tritt die Mittagspause ein.
Zeuge Staatsanwalt Kleinböhmer: Ich ging neben dem Landgerichtsrat
102

Kalisch und hinter uns unsere Kollegen. Wir sahen, wie eine Patrouille mit aufgepflanztem Seitengewehr die Straße hinauflief. Ich sah dann, wie vom Schloßplatz her ein Offizier, den ich für Leutnant v. Forstner hielt, quer über die Straße ging. An einer Straßenecke sah ich, wie er plötzlich rechts herübersprang und aus einer kleinen Gruppe von vielleicht drei oder vier jungen Leuten einen am Kragen packte, sich drehte und ihn sofort den dort erschienenen Soldaten übergab, die ihn fortschleppten. Als ich mich umdrehte, stand wie aus dem Boden gewachsen ein Offizier vor mir mit einer ganzen Anzahl Soldaten herum. Durch diese natürliche Hemmnis waren wir verhindert weiter zu gehen und als der Offizier sagte: «Weitergehen!» da sagte Landgerichtsrat Kalisch: «Das ist ja unglaublich, daß man in dieser Weise angefahren wird und zwar ohne jeden Grund!» Ich glaube, er sagte auch: «Wir wollen einmal sehen, ob wir da nicht stehen bleiben dürfen.» Es kam darauf zu einem kurzen Wortwechsel zwischen Landgerichtsrat Kalisch und dem Leutnant, der darauf die Festnahme des Herrn Kalisch befahl. Ein Soldat legte ihm die Hand auf die Schulter, und Kalisch ging sofort mit. Ich hörte, wie ein Bekannter mir zurief: «Kalisch geht, Herr Staatsanwalt, gehen Sie mit!» Ich gab meinem Erstaunen und Unmut über diese Arretierung Ausdruck und sagte zu dem Offizier: «Das ist ja unerhört.» Er sah mich aber gar nicht an, sondern gab den scharfen Befehl: «Nehmen Sie den Mann auch fest!» Darauf sagte ich: «Sie wollen mich festnehmen und abführen lassen?» Und nun stellte ich mich vor. Darauf sagte der Leutnant: «Hätten Sie sich gleich vorgestellt, so hätte ich nicht den Befehl zur Abführung gegeben!» (Heiterkeit.) Ich erwiderte darauf: «So etwas war doch noch nicht da, Leute ohne Grund festnehmen zu lassen.» Der Leutnant berief sich darauf, daß er auf Befehl handele. Ich fragte ihn, ob sein Befehl etwa dahingehe, alle Leute festzunehmen, die sich nicht vorstellen? (Heiterkeit.) Amtsgerichtsrat Spiecker, der hinter mir ging, sagte nun, wir sollten mit Kalisch in die Kaserne gehen und versuchen, den Oberst zu sprechen. In diesem Augenblick sah ich drüben vor dem Hotel «Karpfen» Gäste aufgeregt und gestikulierend, aber nicht übermäßig laut miteinander sprechen. Immerhin hatte ich das Gefühl, als ob die Sache kritisch wäre. Die Soldaten lauerten nur darauf, sich betätigen zu können. Da sagte ich zu Spiecker: «Wir wollen lieber dort drüben die Leute beruhigen, sonst kann es schlimm werden.» Wir sagten ein paar Worte zu ihnen, die Leute gingen sofort ins Restaurant zurück. (Vorwärts, 8. Januar 1914)

Der 4. Tag — Plädoyers: Straßburg, 8. Januar 1914. Das Wort zur Vertretung der Anklage erhält Kriegsgerichtsrat Osiander, der nach wenigen
103

einleitenden Worten den Antrag stellt, den Oberst v. Reuter von der Anklage der Anmaßung der Polizeigewalt freizusprechen, dagegen wegen Freiheitsberaubung gegen ihn auf eine Gefängnisstrafe von 7 Tagen zu erkennen: Ich bin überzeugt, daß Oberst v. Reuter sich für befugt hielt, für die Zivilgewalt einzutreten, da diese dazu nicht imstande war. Oberst v. Reuter hat nach seiner Ansicht im Bewußtsein seiner Pflicht und im guten Glauben gehandelt, das Bewußtsein der Rechtswidrigkeit hat ihm nach meiner Ansicht gefehlt. Daß Mißgriffe vorgekommen sind, ist bedauerlich, aber das ist nicht zu vermeiden. Deshalb muß Oberst v. Reuter von der Anklage, sich rechtswidrig die Exekutivgewalt angemaßt zu haben, freigesprochen werden.

Anders steht es mit der Anklage wegen Freiheitsberaubung, die in der Einsperrung der Verhafteten in der Schloßkaserne erblickt wird. Oberst v. Reuter hat die Verhafteten festgehalten, obwohl ihm Kreisamtmann Großmann den § 127 der Strafprozeßordnung mitgeteilt hatte, wonach er verpflichtet war, die festgenommenen Personen unverzüglich den Zivilbehörden zu übergeben.

Mit Rücksicht auf die ganzen Vorkommnisse beantrage ich jedoch nur eine Gefängnisstrafe von 7 Tagen. Auf eine Gefängnisstrafe muß erkannt werden, weil es sich um eine Straftat handelt, mit der auch die Dienstpflicht verletzt wurde. — Der zweite Angeklagte Leutnant Schadt muß von der Anklage des Hausfriedensbruchs freigesprochen werden. Er hat nur nach dem Befehl seines Vorgesetzten gehandelt und er mußte seinem Oberst gehorchen, er mußte gehorchen auch für den Fall, daß er Zweifel an der Rechtmäßigkeit des Befehls seines Obersten gehabt hätte. Er hätte sich durch Widersetzung unbedingt strafbar gemacht. Dagegen beantrage ich, den Leutnant Schadt wegen Körperverletzung, begangen an dem Schlosserlehrling Kornmann, zu verurteilen und zwar auch hier zu Gefängnis. Ich beantrage drei Tage Gefängnis.

Verteidiger Rechtsanwalt Grossart: Alle Vorwürfe gegen den Oberst v. Reuter haben sich als vollkommen ungerechtfertigt erwiesen. Das kann ich sagen, ohne damit den einwandsfreien Aussagen der Zaberner Juristen in irgendeiner Weise zu nahe zu treten. Es ist bewiesen worden, daß deutsche Offiziere, Angehörige der deutschen Armee auf offener Straße beschimpft worden sind. Das war man auch hier im Elsaß bisher nicht gewohnt. Wenn hier die Staatsgewalt eingriff, so lag das nur im Interesse der Rechtsordnung und jedes rechtlich empfindenden Bürgers. Jeder Bürger ist berechtigt, seine angegriffene Ehre zu schützen. Es ist aber andererseits auch richtig, daß ein preußischer Offizier sich auf der Straße nicht mit dem Volke herumschlagen kann. Wenn die jungen Offiziere hier das gesagt haben, so wünschen sie das nicht so aufgefaßt zu sehen, als

104

ob damit ein besonderer Gegensatz zwischen der Armee und dem Volke konstruiert werden sollte, sondern sie wollten damit zum Ausdruck bringen, daß sie als Träger vom Königsrock verpflichtet sind, auch äußerlich die Ehre zu wahren und sich nicht in eine Schlägerei einzulassen. Auch ein Arbeiter würde es nicht angenehm empfunden haben, wenn ein Offizier auf der Straße gegen einen jungen Burschen den Säbel gezogen hätte. Die Angriffe der Zaberner Ruhestörer waren zweifellos rechtswidrig und ein Vergehen, gegen das sich jedermann wehren konnte, also auch Oberst v. Reuter. Die Festnahme der Ruhestörer war ein wirksames, brauchbares und berechtigtes Gegenmittel. Nun hat man soviel Aufhebens gemacht von der Einsperrung der Ruhestörer in den Pandurenkeller. Die dadurch hervorgerufene Erregung verdankt ihre Entstehung einer künstlichen Hetze. Viele von den Leuten, die eine Nacht im Keller gesessen haben, werden schon viel länger hinter einer Mauer gesessen haben, so daß die Einsperrung über diese eine Nacht, auch wenn es ein Pandurenkeller war, sie schon haben aushalten können. Es ist wirklich kein Verbrechen, wenn diese Schreier eine Nacht lang eingesperrt worden sind. Ich beantrage daher auch wegen der Freiheitsberaubung die Freisprechung des Angeklagten Oberst v. Reuter.

Nun soll Leutnant Schadt sich der Mißhandlung an dem Schlosserlehrling Kornmann schuldig gemacht haben, er soll ihm einen Schlag ins Gesicht versetzt und einen Zahn ausgeschlagen haben. Kornmann selbst hat als Zeuge gesagt, er könne nicht sagen, daß der Leutnant ihn absichtlich geschlagen habe. Leutnant Schadt aber sagt, er hätte nicht geschlagen und er hätte es merken müssen, wenn er jemand so geschlagen hätte, daß er dadurch einen Zahn verliert. Es ist also ein Beweis für eine vorsätzliche oder auch nur fahrlässige Körperverletzung nicht geführt. Nun wird man sagen, Kornmann habe ja beschworen, daß Leutnant Schadt ihn geschlagen habe. Ach, es sind in dieser Verhandlung so viele Eide geschworen worden. Es stand Eid gegen Eid, Ehrenmann gegen Ehrenmann. Man kann daher nicht dazu kommen, auf Grund des Eides dieses Schlosserlehrlings einen Leutnant zu verurteilen. (Vorwärts, 9. Januar 1914)

Der 5. Tag — Freispruch: Straßburg, 10. Januar 1914. (Telegraphischer Bericht.) In Erwartung der auf heute Vormittag festgesetzten Urteilsverkündung in dem Prozeß gegen den Kommandeur des 99. Infanterieregiments, Oberst v. Reuter und den Leutnant Schadt desselben Regiments wegen unberechtigter Anmaßung der Polizeigewalt, Freiheitsberaubung bezw. Körperverletzung hatte sich vor dem Gebäude des Landgerichts, in dem die Verhandlung stattfand, eine ungeheure Menschenmenge versammelt. Die Polizei hatte kolossale Absperrungen vorgenommen und es war ein starkes Polizeiaufgebot zu sehen. Der Zuhörerraum des großen Schwurgerichtssaales war überfüllt und auf den Korridoren drängten sich Personen, denen es zwar gelungen war, durch die Absperrung in das Gebäude zu gelangen, die aber Zutritt in den Saal nicht mehr finden konnten.

Unter atemloser Spannung verkündete sofort nach Eröffnung der Sitzung durch den Vorsitzenden Generalmajor v. Pelet-Narbonne der Verhandlungsführer Kriegsgerichtsrat v. Jahn das Urteil:

Beide Angeklagten, Oberst v. Reuter und Leutnant Schadt werden von der ganzen Anklage freigesprochen. Das überfüllte Auditorium nahm die Freisprechung teils mit lebhaften Bravorufen, teils mit Zischen auf. — Die Freigesprochenen Oberst v. Reuter und Leutnant Schadt wurden von den anwesenden hohen Offizieren und Mitgliedern der Generalität lebhaft beglückwünscht. (Vorwärts, 11. Januar 1914)

Noch ein Freispruch. Straßburg, 10. Januar. Vor dem Oberkriegsgericht des Straßburger Armeekorps begann heute morgen unter starkem Andrang die Berufungsverhandlung in der Sache gegen den Leutnant Freiherrn Günther v. Forstner vom 99. Infanterie-Regiment wegen des Säbelhiebes, den er am frühen Morgen des 2. Dezember v.J. in Dettweiler bei Zabern gegen den Fabrikschuhmacher Blank, von dem er sich beschimpft glaubte und der sich gegen seine Festnahme durch die Soldaten wehrte, versetzt hat, wodurch Blank eine 10 Zentimeter lange Wunde erhielt, die ihn 8 Tage lang arbeitsunfähig machte. Vor und in dem Gerichtsgebäude sind von der Polizei strenge Absperrungen vorgenommen, um den Andrang im Gerichtsgebäude selbst zu vermeiden, der Zuhörerraum ist bis auf den letzten Platz besetzt. Den Vorsitz im Oberkriegsgericht führt Oberst Mengelbier. Verhandlungsführer ist Oberkriegsgerichtsrat Stud, die Anklage vertritt Kriegsgerichtsrat Johns. Leutnant Frhr. v. Forstner hat sich diesmal einen militärischen Verteidiger genommen, den Dragonerrittmeister Köhler aus Hagenau. Ein Dezernent des Kriegsministeriums und zahlreiche Offiziere wohnen der Verhandlung bei.

Verteidiger Dragonerrittmeister Köhler begründet die Berufung: Der Angeklagte Leutnant v. Forstner fühlte sich bedroht. Es war ihm gemeldet worden, daß Blank gesagt hatte: «Warte Du Junge, jetzt wist Du gemetzt!» Der bisher von einer gewissen Presse als armer kranker Mann geschilderte Schuster Blank ist ein kräftiger Mann und er schlug kräftig um sich. Er schlug dem Fahnenjunker Wieß ein paar ins Genick. Merkwürdi-

gerweise hat Blank durch seinen Eid erhärtet, daß er nicht die Absicht gehabt habe, dem Leutnant etwas zu tun. Ich glaube das nicht. Im übrigen kommt es darauf nicht an, sondern nur darauf, was Leutnant v. Forstner in diesem Augenblick für einen Eindruck hatte. Es war vollkommen dunkel, stockfinstere Nacht. Die Beleidigung hatte der Leutnant gehört, da fiel ihm seine Instruktion ein, scharf vorzugehen und die Waffe zu gebrauchen. Er nahm an, daß Blank gesagt hat: «Warte, jetzt wirst Du gemetzt», er griff instinktiv zum Degen und wollte den Mann unfähig machen zu einem weiteren Angriff. Wenn auch nicht von Notwehr gesprochen werden kann, so hat der Angeklagte doch in Bestürzung gehandelt und zwar aus Furcht, daß der Schuster auf ihn losstürzen könnte. Darüber sind wir uns doch alle klar, daß wenn der Mann den Offizier angefaßt oder gar geschlagen hätte, der Leutnant v. Forstner niemals wieder hätte vor die Front treten können. Dies genügt zu dem Tatbestand der Putativnotwehr. Der Angeklagte hat dies in der ersten Verhandlung bestritten, aber aus menschlich begreiflichen Gründen, er wollte nicht als feige erscheinen.
Anklagevertreter Kriegsgerichtsrat Johns: An sich bietet die zur Anklage stehende Tat nicht den geringsten Anlaß zu irgendeiner besonderen Beachtung durch die öffentliche Meinung. Das kann jedem Menschen auch passieren. Jedenfalls ist die Festnahme des Blank durch den Angeklagten nach den gesetzlichen Bestimmungen in einwandfreier Weise erfolgt. Der Angeklagte hat durch den beabsichtigten scharfen Säbelhieb den Schuster Blank am Kopf verletzt. Damit ist an sich der Tatbestand der Körperverletzung durch ein gefährliches Werkzeug gegeben. Notwehr liegt zweifellos nicht vor, denn ein gegenwärtiger Angriff war nicht vorhanden. Wenn von Notwehr keine Rede sein kann, dann aber auch nicht von einem straflosen Exzeß in der Notwehr. Der Angeklagte behauptet nun, geglaubt zu haben, er würde von dem Schuster Blank angegriffen und er habe dieses Maß seiner Verteidigung für erforderlich gehalten. Es liegt somit Putativnotwehr vor. Ich bin in der angenehmen Lage, als Anklagevertreter auch einmal für einen Angeklagten ein gutes Wort einlegen zu können und sogar seine Freisprechung zu beantragen.
Nach etwa halbstündiger Beratung verkündet der Verhandlungsführer, Oberkriegsgerichtsrat Stud, das Urteil:
Der Angeklagte Leutnant Günther Freiherr v. Forstner vom Infanterieregiment 99 wird freigesprochen. Das Oberkriegsgericht ist der Ansicht, daß Leutnant v. Forstner annehmen konnte, es würde ein Angriff auf ihn erfolgen. Er konnte nicht warten, bis ihm das Messer zwischen den Rippen saß, sondern er mußte sofort zuschlagen. Nun hat das Oberkriegsgericht auch angenommen, daß nicht nur Putativnotwehr in Frage kommt, sondern daß bei dieser Notwehr der Angeklagte auch nicht etwa durch die

Art seiner Verteidigung die Grenzen der Notwehr überschritten hat. Er hat dem Blank mit dem Säbel eins über den Kopf gegeben, er hatte aber keinen scharfen Säbel bei sich, sondern seine ungeschliffene Dienstwaffe. Allerdings hat der Hieb die Kopfhaut des Blank durchtrennt, aber die Wunde brauchte nicht genäht zu werden und ist jetzt wieder völlig verheilt. Diese Art der Verteidigung war nach der Ansicht des Oberkriegsgerichts durchaus angebracht, um den Mann von seinem Angriff gegen den Angeklagten abzuhalten, der auch den Erfolg für sich gehabt hat. Blank ist nicht nennenswert krank gewesen, er hat nach 8 Tagen wieder seine Arbeit verrichten können. Das Oberkriegsgericht billigt dem Angeklagten den Schutz des § 53 des Strafgesetzbuches zu und er wird freigesprochen.

Auch Leutnant v. Forstner wurde von den anwesenden Offizieren lebhaft beglückwünscht. Das Urteil wurde von dem überfüllten Auditorium lautlos aufgenommen. (Vorwärts, 11. Januar 1914)

Bravo, Reuter! Bravo, Forstner! Feste drauf! Die Soldateska triumphiert. Sie kann triumphieren, kann sich ihres Sieges übermütig freuen. Die bürgerlichen Freiheitshelden werden den Absolutisten kein Haar krümmen.

Trotzdem: Wir brauchen den «schwarzen Tag» des Junkertriumphes nicht zu begreinen. Die Freisprechungen vom 10. Januar werden wie eine Schlachtfanfare in die Stickluft unserer Tage hineinschmettern. Dieser Tag wird der Sozialdemokratie, der einzigen Vertreterin der Volksrechte, Hunderttausende neuer Kämpfer werben. Diese blaue Woche von Straßburg ist die prächtigste Vorarbeit für unsere rote Woche. Wenn jetzt wieder ein Telegramm nach Zabern fliegt: «Bravo», so mögen die Deimling, Reuter und Genossen glauben, daß dies Bravo auch uns aus dem herzen kommt. (Vorwärts, 11. Januar 1914)

Erich Mühsam. Mediale Eigenschaften. Bei den Kriegsgerichtsverhandlungen in Straßburg gegen die Ueberschneid der Zaberner Offiziere trat eine naturwissenschaftlich höchst beachtenswerte Tatsache zutage. Die nämlich, daß die Bekleidung eines nackten menschlichen Körpers mit einer deutschen Militäruniform nicht nur das Ehrgefühl, sondern zugleich die physischen Sinne in wahrhaft erstaunlichem Grade schärft. Volk, Bürger, Rechts- und Staatsanwälte, Landgerichtsräte, Kreisdirektoren und hohe Beamte bis zum Gendarmen hinauf konnten in den kritischen Zaberner Tagen bei aller Aufmerksamkeit keine Aufruhrstimmung

108

in der Stadt bemerken, während umgekehrt Oberste, Hauptleute, Leutnants, Sergeanten und Musketiere übereinstimmend die helle Rebellion wahrnahmen, gegen die Maschinengewehre und Belagerungszustand präpariert werden mußten. Möglich auch, daß dem bunten Rock mediale Eigenschaften innewohnen. In dem Falle würden sich die widerborstigen, johlenden, schimpfenden, Steine werfenden und sich zusammenrottenden Zaberner Einwohner als für die okkulte Wissenschaft überaus lehrreiche Beispiele von Materialisations-Phänomenen charakterisieren. Vielleicht ließe sich das interessante Experiment anderswo wiederholen: Man stelle auf einen menschenleeren Platz ein Bataillon Soldaten auf, das in kriegerischer Begeisterung auf Semmeljungen und Zeitungsfrauen Jagd machte. Wer weiß, ob nicht binnen kurzer Zeit, hervorgerufen durch die transzendenten Kräfte der Uniformen, die leibhaftige Revolution in vollem Gange wäre. (In: Kain, Januar 1914)

Witwe Evers 4. Frau Zigarrenhandlung Evers war die Kronzeugin des ganzen Prozesses. Frau Evers ist eine ehemalige Offiziersköchin, weshalb es nicht zu verwundern ist, daß sie auch jetzt noch in enger Fühlung mit den Herren Offizieren steht. Was Wunder dann auch, wenn sie das Benehmen der Offiziere für durchaus korrekt ansah und für die «Ausschreitungen des Pöbels» ein gar scharfes Auge hatte, so scharf, daß sie sogar sah, daß Burschen Steine in der Tasche hatten. Was Wunder auch, daß sie vor Gericht unter Eid Sachen als wahr berichtete, von denen sie wußte, daß sie der Wahrheit durchaus nicht entsprechen.
Es ist wider besseres Wissen die Behauptung aufgestellt worden, Redakteur Wiebicke habe auf Frau Evers durch Drohungen eingewirkt, er werde den Boykott über ihr Geschäft proklamieren und ihre Töchter schwer kompromittieren. Vor allem wird ja jeder Zaberner für sich am besten wissen, wo er seine Rauchbedürfnisse einkauft, wir glauben, es bedarf durchaus keines Hinweises. Ob schwer Kompromittierliches über die Töchter zu sagen wäre, wissen wir nicht, daß sie sich aber durch eine solche Drohung bestimmen läßt, gibt zu Bedenken Anlass. (Zaberner Anzeiger, 13. Januar 1914)

Einer vom Militär. Eine preußische Militärperson widmet uns folgende Zeilen: «Wenn ich an den Offizieren und Mannschaften ihrer Stelle wäre, die ihr in euerem Mistblatt beleidigt habt, so hätte ich eueren Arsch mit dem Seitengewehr zu Gehacktem gemacht, das merkt euch ihr gemeinen Spitzbuben.»

Ein anderer ‹Herr› schreibt: «Du infamer Lumpenhund und besch.... (siehe Forstner) Wackes, du, wir werden dich Kanaillenhund auch dort in eurem dreckigen Sauloch finden und massakrieren. Schad, daß du Schwein, du Feigling, du feiger Tintenkuli nicht hier bei uns im Osten bist. Geh doch nach deinem cher France mit deinem Lumpengesindel und besudel nicht mit deinen dreckigen Mistfingern unsere braven preußischen Offiziere. Was wollt ihr Saukerle denn nur ohne uns Preußen anfangen, ihr Arschlöcher. Warte, mein Jungchen, dich kriegen wir schon. Einer vom Militär. NB. Wie ich, so denken wir alle. Alle elsässischen Lumpenhunde an den Galgen. Hoffentlich geht es bald los.» (Leserbriefe im Zaberner Anzeiger, 13. Januar 1814)

Vive la France. In unerhörter Weise ist laut der vom Kriegsgerichtsrat Jahn vorgetragenen Urteilsbegründung in Zabern des Kaisers Rock, die Ehre der Offiziere, die Würde der Armee angegriffen worden. Immer und immer wieder werden Rufe wie Bettschisser, Dreckschwob, Saupreuß laut, ja es gab Frevler, die es gewagt haben, die Marseillaise zu singen und Rufe wie: «Vive la France, Merde la Prusse!» auszustoßen. Besonders letzteres hob Herr Jahn an mehreren Stellen der Begründung mit nachdrücklicher Betonung als besonders wichtig für die Berechtigung des Obersten zum Eingreifen hervor. Denn keinen einzigen dieser schlechten Patrioten, dieser Vaterlandsverräter konnte die schwächliche Zaberner Polizei ergreifen, und wäre Herr von Reuter nicht eingeschritten, wer weiß, ob Deutschland heute noch stände. Erschreckend klar hat es sich wieder einmal gezeigt, welch große Gefahr solche Schwerverbrecher, die französisch sprechen, wie die Arbeiter im «Karpfen», die es soweit gebracht haben, die vier Anfangsworte der Marseillaise in tadellosem Französisch fehlerlos zu singen, die sogar «Vive la France» brüllen, für unser großes Vaterland bilden. Deshalb ist es Pflicht eines jeden wahrhaft guten Deutschen, wo immer er eines solchen Frevlers habhaft werden kann, denselben zur Strecke zu bringen, d.h. ihn entweder der zuständigen Polizeibehörde oder, falls es sich um ein Militär handelt, der Militärbehörde anzuzeigen. Und selbst auf die Gefahr hin, von französenfreundlichen Kreisen als Angeber (dénonciateur) verschrieen zu werden, wollen wir gleich jetzt, zwar etwas verspätet, aber durch die Zaberner Vorfälle gewitzig gemacht, einen solchen Fall aufdecken.
Leider sind es diesmal Offiziere, die gesündigt haben. Erinnert sich Leutnant Schadt noch an die letzte Fastnacht? Weiß der Herr noch, daß er damals mit einem Collegen verkleidet in eine hiesige Bierwirtschaft gekommen und dort deutschen Beamten gegenüber den ominösen Ruf «Vive la

110

France» ausgestoßen hat? Andern Sterblichen bricht sowas, selbst wenn sie es in Alkoholstimmung getan haben, den Hals. Hoffentlich hat Herr Schadt den Wunsch damals nicht ernst gemeint, da es ihm sonst schlimm ergehen kann. Zum mindesten aber wollen wir annehmen, daß ihm das «subjektive Bewußtsein der Rechtswidrigkeit seiner Tat» gefehlt hat. Dann kann ja noch alles gut werden. Arminius. (Zaberner Anzeiger, 13. Januar 1914)

Nachklänge. Der 57jährige Maurer und Fabrikarbeiter Hien wurde wegen Gefangenenbefreiung, verübt während der Zaberner Straßenunruhen am 10. November vorigen Jahres, in Tateinheit mit tätlichem Angriff gegen Polizeibeamte und wegen Widerstands gegen die Staatsgewalt zu einem Monat Gefängnis verurteilt.
Der Rekrut Henck, der seinerseits wegen unbefugter Bekanntgabe dienstlicher Mitteilungen an die Presse mit 43 Tagen Mittelarrest bestraft worden war, wurde begnadigt. 31 Tage der zuerkannten Strafe hatte er bereits verbüßt, also wurden ihm 12 Tage erlassen. (Zaberner Anzeiger, 24. Januar 1914)

Albert Pincus. Reichs-Kino. Ich habe einen Freund, der als Dramaturg in einer Filmfabrik angestellt ist. Sobald ich mit ihm zusammen komme, quält er mich; denn er fachsimpelt. Der Mann geht in seinem Beruf auf und will stets — auch aus mir — neue Ideen für moderne Filmdramen herausquetschen. Diesmal hat sein Direktor ihm einen Auftrag gegeben, der ihn besonders schwer bedrückt. Er soll ein Drama schreiben, das allen Anforderungen des großen Publikums gerecht wird. Wahrheit und Dichtung sollen sich die Waage halten. Es soll eine Verbindung von Tragödie und Komödie werden, möglichst in Anpassung an bekannte Tagesereignisse, mit einem Worte: ein Sensationsfilm.
Diesmal erschien mir die Aufgabe nicht allzu schwierig. Wir machten uns gleich an die Arbeit und ich entwickelte ihm meinen Plan etwa so:
Der erste Akt spielt in einer kleinen Garnison. Instruktionsstunde von elsaß-lothringischen «Wackes». Demonstrationen über den biblischen Spruch: «Liebe deinen nächsten wie dich selbst!» Die Stechprämie. Ein Schokoladenladen. Die niedliche Schokoladenmaid verkauft dem Leutnant seinen Bedarf an Süßigkeiten. Damit ihm kein Unglück im Laden zustößt, begleiten ihn zwei Musketiere mit aufgepflanztem Seitengewehr. Die stets übliche Zivileskorte (6 - 14 Jahre alt) beteiligt sich freudig an dem militärischen Spaziergang. Dann erscheint der Held während des

Manövers im Nachtquartier. Das große Malheur! — Die Generalreinigung des Quartiers.

Mein Freund fand, daß dies ein sehr schöner Abschluß sei, der das Publikum in die heiterste Stimmung versetzen werde. Und das sei für den ersten Teil sehr notwendig.

Wir skizzieren den zweiten Akt. (Dramatisch!) Der Oberst gräbt mit Hilfe seiner Vorgesetzten eine Kabinettsordre vom Jahre 1820 aus. Versammlung der jüngsten Leutnants und Befehl des Kommandeurs, sich nicht belästigen zu lassen. Aufstellung der Maschinengewehre. Ansammlung von Neugierigen, die von einem Polizeipräsidenten nicht gewarnt worden waren. Trommelwirbel! Feuerstellung! Ergreifung der Zivilisten, die gelacht haben oder lachen wollen. Die Verhaftung hoher Gerichtsbeamter. Im Pandurenkeller. Was ist «Putativnotwehr» bei einem Leutnant? Die Schlacht gegen den lahmen Schuster. «Immer feste drauf!» (Schluß dieses dramatischen zweiten Aktes.)

Die Kapelle soll hier «Deutschland, Deutschland über alles» spielen.

Für den dritten Akt wollen wir eine Schwatzbude verfilmen. Große Interpellation, weil das Bürgerrecht verletzt worden ist. Die Parteien, nicht nur die «Roten», sondern auch die «Schwarzen», ebenso die «Einerseits—Andererseits» und die «Immer langsam voran»-Parlamentarier haben sämtlich Ballonmützen eingekauft und sich mit dicken Knüppeln bewaffnet. Ein sehr großer Staatsmann, der oft schlaflose Nächte hat, und ein General mit eisernen Nerven vertreten die Auffassung der Regierung. Die Attacke des Kriegsmannes unter Mithilfe der Blaublütigen! Die Parteien schwingen ihre Knüppel. Einige Herren von der «Einerseits—Andererseits»-Partei bekommen dabei Schwindelanfälle. Das Herz fällt ihnen in die Hosen. Sie müssen aus dem Saal getragen werden. (Schluß des Aktes.)

Mein Freund meint, daß dieser Aktschluß sehr rührsam wäre und daß man hier die Kapelle ein elsässisches Lied spielen lassen sollte. Wir entscheiden uns aber schließlich für: «Lieb Vaterland, magst ruhig sein».

Für den vierten Akt planen wir vor allen Dingen einige Gerichtsszenen, bei denen es bisweilen vorkommt, daß der Staatsanwalt irrtümlicherweise seine Robe und sein Barett mit der des Verteidigers verwechselt. Dann die Freisprechung der Offiziere. Die Ueberreichung eines Lorbeerkranzes an den Herrn Oberst durch eine Abordnung des Herrenhauses und der Abgeordneten-Mehrheit aus dem Dreiklassenparlament. Zum Schluß wollen wir den Preußentag und seine Verhandlungen widergeben, besonders weil wir die Ueberzeugung haben, daß nicht nur die Norddeutschen, sondern auch alle Brüder südlich des Mains diesem Akt besonderes Verständnis und Wohlwollen entgegenbringen werden.

Mein Freund meint, daß wir als Schlußeffekt die Melodie: «Sei's trüber Tag, sei's heiterer Sonnenschein, ich bin ein Preuße, will ein Preuße sein!» spielen lassen müßten.

Falls es notwendig ist, fügen wir noch einen fünften Akt an, der die Wirkung dieser Tragikkommödie darstellt, für die die bekannte Firma Heydebrand, Bethmann & Co. sicherlich weiteren Stoff liefern wird.

Da mein Freund politisch auch Demokrat ist, will er mit der Fertigstellung dieses Aktes, der die Lehren, die wir aus den vorangegangenen ziehen, sinnig veranschaulichen soll, noch einige Zeit warten, bis sich die Wirkungen von selbst ergeben. Wir stimmen beide darin überein, daß das Ende nur die Herrschaft des Volkes sein kann, und daß wir zum Schluß des Ganzen die Kapelle das Lied intonieren lassen: «Der Gott, der Eisen wachsen ließ, der wollte keine Knechte!» (Das freie Volk, 24. Januar 1914)

Kaisergeburtstag wird am nächsten Dienstag in der hergebrachten Weise gefeiert werden, nur daß im allgemeinen das buntbewegte Bild, das dieser Tag gewöhnlich bot, infolge der Abwesenheit des Militärs ein viel ruhigeres sein wird. (Zaberner Wochenblatt, 24. Januar 1914)

Witwe Evers 5. Wir werden um Veröffentlichung folgender Mitteilung gebeten: Nachdem ich von der neuesten Leistung der friedliebenden Zaberner Bevölkerung gehört hatte, habe ich an die Zigarrenhändlerin verw. Karl Evers, Zabern, Hauptstr. 60, nachstehendes Telegramm geschickt: Lese soeben, daß die harmlose Zaberner Bevölkerung Sie wirtschaftlich boykottiert und außerdem noch höhnt, weil Sie unter Ihrem Eide wahrheitsgemäß über die Anpöbelungen ausgesagt haben, welchen Offiziere in Zabern ausgesetzt waren. Als deutsch und preußisch fühlender Preuße sende ich beifolgend usw.

Ich halte es für eine Ehrenpflicht aller deutsch fühlenden deutschen Raucher durch Abzweigung eines kleinen Teils ihres Bedarfs, das Ihre zu tun, die tapfere Frau vor dem wirtschaftlichen Untergang zu retten. Hochachtungsvoll W. v. Koppy (Breslau). (Neue Preußische Zeitung, 27. Januar, Morgenausgabe)

Konsequenzen. Die reichsländische Regierung zog die Konsequenzen, und am 28. Januar teilte der Staatssekretär Baron Zorn von Bulach in der Budgetkommissionssitzung mit, daß die Regierung um ihre Entlassung gebeten habe. Diese wurde bald darauf unter Ordensverleihungen gewährt. Graf Wedel blieb noch bis zum 18. April auf seinem Posten als Statthalter und wurde bei seinem Ausscheiden in den Fürstenstand erhoben. Als neue Männer kamen der Staatssekretär Graf von Rödern und der Unterstaatssekretär Freiherr von Stein nach Straßburg, während der bisherige preußische Staatsminister von Dallwitz zum Statthalter ernannt wurde.

Nach Beendigung der kriegsgerichtlichen Verfahren wurden Oberst von Reuter als Kommandeur in das Grenadier-Regiment Nr. 12 in Frankfurt a.O., an dessen Spitze sein Vater im Kriege 1870 gefallen war, und Leutnant von Forstner in das Infanterie-Regiment Nr. 14 nach Bromberg versetzt. Forstner ist im Weltkriege gefallen.

Auch Kreisdirektor Mahl in Zabern mußte seinen Platz mit dem Kreisdirektor in Thann tauschen. (Berthold von Deimling, Aus der alten in die neue Zeit, S. 162f.)

Karneval. Ueber den Verlauf einer Sitzung der Kölner großen Karnevalsgesellschaft berichtet der «Kölnische Stadtanzeiger»: Präsident Prior benutzte die Begrüßung der Ehrengäste vom Militär, Angriffe der «Frankfurter Zeitung» auf den Kölner Karneval zurückzuweisen, in denen behauptet war, der Gouverneur von Köln habe von dem Karnevalspräsidenten verlangt, die Zaberner Vorgänge nicht zu berühren; andernfalls müsse er den Offizieren den Besuch der Sitzungen verbieten. Wie Prior versicherte, ist an dieser Behauptung kein wahres Wort. Allerdings besäßen die Leiter jener Sitzungen soviel Taktgefühl, daß sie die militärischen Ehrengäste nicht Beleidigungen aussetzten. (Neue Preußische Zeitung, 28. Januar 1914, Abendausgabe)

Strafsache Marseillaise. Der 44 Jahre alte Maurer Adam Schambert aus Zabern war wegen Ausstoßens aufrührerischer Rufe angeklagt. Sch. hatte sich deswegen heute vor der Strafkammer zu verantworten. Als am 22.11.13 abends eine Haussuchung in der Redaktion des «Zaberner Anzeigers» stattfand, sammelten sich Menschen vor dem Hause an. Unter diesen befand sich auch Sch. Er soll sich durch das Singen der Marseillaise besonders bemerkbar gemacht haben. Schon am 9. 11. 13 hat Sch. in einer hiesigen Wirtschaft die Marseillaise gesungen, was ihm einen Strafbefehl über 20 Mark oder 10 Tage Haft eintrug. Wie Sch. behauptet, ist er zu Unrecht bestraft worden. Der Strafbefehl ist rechtskräftig, die Strafe ist aber noch nicht bezahlt, auch die subsidiäre Strafe noch nicht verbüßt. Der Angeklagte behauptet, er kenne die Marseillaise gar

114

nicht, trotzdem er sich 3 Jahre in Frankreich aufgehalten habe. Sch. wirft ein, daß er preußischer Soldat gewesen sei und sich deshalb nicht feindlich gegen das Militär verhalten würde. Am Abend des 22.11.13 sei er aus der Wirtschaft «Zum Pflug» gekommen und habe die Säule betrachtet, die dort an der Straßenecke stehe. Sch. bestreitet wiederholt nachdrücklich, daß er die Marseillaise gesungen hätte. Als Zeugen waren 4 Gendarmerie-Wachtmeister erschienen, die am 22.11.13 abends, teils bei der Haussuchung, teils auf der Straße dienstlich zu tun hatten. Die Zeugen bekunden, es hätten sich etwa 100 Personen auf der Straße versammelt, darunter sei auch der Angeklagte gewesen. Von dem Sch. wäre wiederholt die Marseillaise angestimmt worden. Er sei aber meistens nicht weit über den Anfang des Liedes hinausgekommen. Das Publikum habe dazu gelacht und gejohlt, ohne daß durch das Treiben des Angeklagten die Leute aufgereizt worden wären. Man kenne ihn schon; er sei immer dabei, wenn etwas los sei. Sch. habe durch sein Singen jedenfalls Stimmung gegen die Haussuchung machen und das Publikum zu Ausschreitungen aufreizen wollen. Wiederholte Aufforderungen, sich ruhig zu verhalten und nach Hause zu gehen, beantwortete Sch. damit, daß er den Strafbefehl herauszog, den Gendarmen diesen zeigte und sich beklagte, daß er unschuldig bestraft worden sei. Alle Zeugen kennen die Melodie des Liedes und den Text, jedenfalls den Anfang desselben. Ein Zeuge erklärte, daß er den Angeklagten schon lange kenne. Dieser nehme es mit der Arbeit nicht genau und sorge schlecht für seine Familie, so daß die Stadt sie unterstützen müsse. Die Staatsanwaltschaft beantragte 1 Monat Gefängnis. Trotz des Bestreitens des Angeklagten hielt das Gericht für erwiesen, daß Sch. die Marseillaise auf der Straße in Anwesenheit einer Volksmenge gesungen hat. Nach Ansicht des Gerichts war das Singen des Angeklagten aber nicht geeignet, eine Erregung oder Widerstandshandlungen hervorzurufen. Er hat nur mit seinem Gesang das Publikum bewußt belustigt. Das Tun des Angeklagten war nach Ansicht des Gerichts als grober Unfug zu bestrafen. Bei der Strafzumessung kam erschwerend für den Angeklagten seine häufigen Vorstrafen und seine Neigung zu Ausschreitungen in Betracht. Der Angeklagte bekam 4 Wochen Haft. (Zaberner Wochenblatt, 31. Januar 1914)

Letzter Besuch. Heute kurz vor Mittag, also zu der Zeit, wo der Ausgang aus den Schulen und Fabriken zu erwarten ist, traf der «vielberühmte» Leutnant v. Forstner hier ein, wahrscheinlich um seinen Koffer zu packen und event. Abschiedsbesuche zu machen, und begab sich die Haupt- und Hohbarrstraße hindurch nach seiner gegenüber den Schulen gele-

genen Wohnung, nicht ohne zwischendurch dem Zigarrengeschäft der Frau Evers einen Besuch abzustatten. Von Augenzeugen wird uns versichert, daß der Leutnant und einer seiner Begleiter, die in Uniform waren, während ein Dritter in Zivil mitging, wieder, wie aus den Vorfällen im November her bekannt, die rechte Hand am Degenknauf und mit der Linken die Scheide festhaltend, durch die Straßen schritten. Diese außergewöhnliche Haltung ruft den Eindruck hervor, daß die Offiziere jeden Augenblick den Degen ziehen wollen, und das erregt naturgemäß die Bevölkerung. Es gab einen Auflauf, indem zirka 50 Schulkinder hinter dem Leutnant herliefen, und auch vereinzelte Rufe (wahrscheinlich das berühmte «Bettsch....») laut wurden. Die Gendarmerie und die städtische Polizei waren alsbald zur Stelle; zu weiteren Zwischenfällen ist es nicht gekommen. (Zaberner Wochenblatt, 7. Februar 1914)

Witwe Evers 6. «Hier wird mir ja sehr verübelt, daß ich für den Herrn Oberst aussagte, es heißt, ich hätte als Frau meine Aussage verweigern können. Trotz all dem Ärger bereue ich es doch nicht, für den Herrn Oberst gesprochen zu haben. Wie hat Herr v. Reuter das Land hier geliebt

116

und bewundert, wieviel Gutes hat er getan, auch die Frau Oberst war so gütig, ich sah ihr mal zu, als sie ganz in der Früh mit ihrem Frl. Tochter spazieren ging, da kamen einige ganz arme Kinder daher, die schrien, weil große Hunde kamen, und die Dame ging sofort über die Straße und führte die Kinder fort. Immer sah ich so schöne Handlungen von der Familie des Herrn Obersten und ihm. Ich bin deshalb auch sehr empört darüber, weil die Zaberner diesen charakterstarken und gerechten Mann so behandelt haben. Der Herr Oberst war zu gut. Wenn ich nur eine Erklärung finden könnte für das Handeln der Zaberner. Ich stehe seit 18 Jahren allein im Geschäft, seit zwei Jahren helfen mir meine Töchter. 4½ Jahre war ich verheiratet, daß ich die Zaberner Verhältnisse gut kenne, ist selbstverständlich. Bis vor kurzem war ich weit und breit eine geachtete Frau, hatte keinen Feind, lebte ruhig und still ganz für meine Kinder und sie für mich. Und nun Feinde überall. Mein Töchterchen wurde neulich angestoßen, daß sie beinahe umfiel, im Geschäft fast alle Tage Anpöbelungen. Es geht ja eine Liste um, darauf verpflichtet sich jeder bei 10 M. Strafe, mein Geschäft nicht zu betreten. Mein Sohn macht an Ostern das Abitur, solange halte ich vielleicht noch hier aus, und ziehe nach Saarburg, wo ich vor zwei Monaten eine Filiale gründete. Hierbleiben kann ich nicht, das würde meine Gesundheit kosten. Hier gibt es auch noch lange keine Ruhe, diese Feiglinge setzen ihre Maulwurfsarbeit fort. Ein eiserner Besen müßte mal hier auskehren, so lange noch Zeit ist.» (Leserbrief von Frau Evers an die «Schlesische Zeitung», abgedruckt im Zaberner Wochenblatt vom 7. Februar 1914)

Witwe Evers 7. Geschäftsübernahme! Dem geehrten Publikum von Zabern und Umgebung die erg. Mitteilung, dass ich zum 1. Juli das Zigarren-Spezialgeschäft der Frau Wwe. Carl Evers übernehmen werde. Bei Bedarf halte ich mich bestens empfohlen unter Zusicherung aufmerksamer und reeller Bedienung. Hochachtungsvoll Heinrich Winkler, Zabern. (Zaberner Anzeiger, 25. Juni 1914)

Schmerzensgeld. Straßburg, 14. Februar. Der «Elsässer» verbreitet die Nachricht, daß dem Schuhmacher Blank 150 M. Schmerzensgeld angeboten worden wären, wenn er von einer Klage gegen den Leutnant von Forstner absehe. Weiter verlautet, daß der Vater des Schuhmachers Blank in Dettweiler gegen alle Zeitungen Strafantrag stellte, die die von früheren Soldaten des 99. Infanterie-Regiments aufgestellten Behauptungen betr. des feindseligen Verhaltens, das Blank dem Militär gegenüber an den Tag gelegt haben soll, verbreitet haben. Die gerichtliche Verfolgung ist bereits in vollem Gange. (Vorwärts, 15. Februar 1914)

Wackes in Berlin. Berlin, 14. Februar. Am Nachmittag des 31. Dezember 1913 stand der 36jährige Kellner Rudolf Panzer vor der Kaserne des 2. Garderegiments. Plötzlich trat Leutnant Freiherr von Arnim aus der Kaserne. Panzer rief dem Offizier mit lauter Stimme das Wort «Wackes» zu. Der Offizier befahl dem vor dem Kasernengebäude stehenden Militärposten, den Rufer zu sistieren und seine Personalien feststellen zu lassen. Panzer hatte sich nunmehr wegen öffentlicher Beleidigung des Offiziers zu verantworten. Der Angeklagte bestritt, den Ausruf «Wackes» auf den Offizier gemünzt zu haben. Er habe zufällig die Zaberner Vorgänge im Gedächtnis gehabt und da sei ihm unwillkürlich das Wort «Wackes» in den Sinn gekommen. Eine Beleidigung des Offiziers habe ihm ferngelegen. Der als Zeuge vernommene Leutnant Freiherr von Arnim und auch der damalige Militärposten bekundeten jedoch in vollster Bestimmtheit, daß der Ruf «Wackes» dem Offizier gegolten habe. Der Amtsanwalt beantragte eine Gefängnisstrafe von zwei Wochen. Das Gericht verurteilte den Angeklagten zu 50 Mk. Geldstrafe evt. 10 Tagen Gefängnis. Der Vorsitzende bemerkte in der Urteilsbegründung: Wenn auch das Wort «Wackes» an sich keine Beleidigung sei, so sei es doch zweifellos eine solche in dem vorliegenden Falle. (Zaberner Anzeiger, 17. Februar 1914)

Beförderung. Weiterer Nachklang zur Straßburger Kriegsgerichtsverhandlung gegen Oberst von Reuter. Nachdem bereits der Vorsitzende des Kriegsgerichts, dessen Freispruch weit über die Grenzen unseres Landes unverständlich ist, Generalmajor v. Pelet-Narbonne, in ganz außerordentlicher Weise durch Beförderung ausgezeichnet worden ist, ist jetzt auch ein Beisitzer, Oberst Mengelbier, Kommandeur im Infanterie-Regiment Nr. 143, die Treppe hinaufgefallen. Er ist zum Generalmajor befördert und zum Kommandeur der 3. Infanterie-Brigade ernannt worden. (Zaberner Wochenblatt, 21. Februar 1914)

Noch einmal Notwehr. Reichsländische berichten über einen Vorfall, der sich dieser Tage vor dem Schöffengericht in Hochfelden zugetragen haben soll, folgendes:
Dort standen zwei junge Leute vor dem Strafrichter. Der eine hatte dem andern eine Ohrfeige versetzt, worauf der Geschlagene sein Messer aus

118

der Tasche zog und seinem Angreifer einen Stich versetzte. Der eine, der die Ohrfeige gab, erhielt 8 Tage, der Messerheld 2 Monate Gefängnis. Als nun das Gericht das Urteil verkündet hatte, trat ein alter Mann, der Vater des Verurteilten, vor und bat, zu berücksichtigen, daß sein Sohn in gesetzlicher Notwehr gehandelt habe. Der Richter erwiderte, daß es doch kein Grund sei, von der Waffe Gebrauch zu machen. «Ja», wandte der alte Mann ein, «richten Sie denn auf Grund anderer Paragraphen als die Richter, die den Leutnant v. Forstner freigesprochen haben?» Der Richter schwieg! Ob das wahr ist? Wenn ja, muß das ein eigenartiger Richter sein, der eine solche ganz ungehörige Kritik eines Urteils durch einen Zeugen ohne Rüge läßt. — Der Verurteilte kann ja Berufung einlegen. Wohin sollen aber solch ungehörige Bemerkungen an Gerichtsstelle führen? (Neue Preußische Zeitung, 25. Februar 1914, Abendausgabe)

Schüler als Polizeispitzel. Dem 16jährigen Fabrikschmied Oskar Lerch wurde dieser Tage ein Strafbefehl über insgesamt 54,50 Mk. ausgestellt, weil er am 3. Dezember einem Offizier das Wort Bettschisser nachgerufen und weiterhin zwei Musketieren nachgejohlt haben soll. Der Strafbefehl ist aufgrund einer Anzeige eines Schullehrers ergangen, der nicht selbst Augenzeuge dieser angeblichen Beleidigung ist, sondern hierfür zwei seiner 10jährigen Schuljungen angegeben hat, durch die er diese Beobachtung anstellen ließ. Da der Beschuldigte sich vollständig unschuldig fühlt und dies durch zwei Kameraden, mit denen er an jenem Abend zusammen war, zu bestätigen können glaubt, ist er nicht gewillt, ohne weiteres diese hohe Summe zu bezahlen, so daß ein gerichtliches Nachspiel wohl folgen muß. (Zaberner Anzeiger, 5. März 1914)

Versetzung. Nachdem letzthin Herr Wachtmeister Schmitt plötzlich von Zabern nach Großtännchen versetzt wurde, ist jetzt auch Herr Oberwachtmeister Karch nach Rappoltsweiler versetzt worden. Wir müssen den Weggang beider Beamter lebhaft bedauern, sie sind ein Opfer der Zaberner Affäre, und sind nicht etwa zu schlapp vorgegangen, sondern im Gegenteil, es soll noch ein Verfahren wegen Übergriffs schweben. Auch hat das Kriegsministerium in Berlin unterm 30. Januar entschieden, daß die Haussuchung im «Zaberner Anzeiger» zwar ungesetzlich gewesen sei, daß dies aber nicht ein Verschulden des Herrn Oberst von Reuter sei, sondern die Gendarmen die Ungesetzlichkeit begangen haben. Der Oberst befiehlt — der Gendarm gehorcht und — wird bestraft. (Zaberner Anzeiger, 5. März 1914)

119

Quartierkosten. Mit Ausnahme von 4 haben sämtliche am 28. November im Pandurenkeller eingesperrten Bürger den ihn vom Fiskus angebotenen Vergleich angenommen und gestern abend schon ihre Entschädigung von je 50 Mk. erhalten. Auch bei den 4 restlichen dürfte eine Einigung bald erzielt werden, da der Reichsmilitärfiskus unter allen Umständen eine öffentliche Verhandlung vermeiden will und zu dem weitgehentsten Entgegenkommen bereit ist. (Zaberner Anzeiger, 9. April 1914)

Wetterumschwung. Die Rückkehr der 99er erfolgte Samstagnachmittag (18.4.) zu den festgesetzten Stunden. Zum Einzug des Regiments hatten die Wirtschaften und eine Reihe anderer, an der Militärkundschaft stärker interessierter Geschäftsleute geflaggt, so daß die lange Hauptstraße der Stadt insbesondere in ihrem unteren Teil bei dem herrlich sonnendurchfluteten Frühlingswetter ein farbenfrohes Bild bot, welches im Gegensatz zu dem des 6. Dezember erschien, wo die Ungunst der Witterung zu der trüben Stimmung der in die Verbannung der Truppenübungsplätze ausrückenden Mannschaften paßte.
Heute morgen hat dann Oberst Gündell dem Bürgermeister auf dem Bürgermeisteramt einen Besuch abgestattet und ihm als dem Vertreter der Stadt gedankt für den freundlichen Empfang, den die Bevölkerung dem Regiment beim Einzug bereitet hat. (Zaberner Wochenblatt, 21. April 1914)

Tiefster Friede. Oberst von Reuter hat nach Blättermeldungen eine Kaltwasserheilanstalt aufgesucht. — In Zabern herrscht tiefster Friede und ein vorzügliches Einvernehmen zwischen Militär und Zivil. (Zaberner Wochenblatt, 28. April 1914)

"... Als dann der Nachfolger von Reuter kam war Ruhe. Die Leute hatten auch genug, es gab nichts mehr zu sagen, alles war gesagt worden. Und ab August war dann Krieg ..." (Joseph D. Heyl, Juli 1982)

Militärischer Abschied. Ich stand in einer Schreibstube des Bezirkskommandos und ließ mir einen Mobilmachungsbefehl ausschreiben. Man fragte mich, wohin ich wolle. Gleichgültig, zum ersten, besten Regiment. Die 99er erwähnte ich seltsamerweise nicht, wo mich doch meine
120

Kameraden und meine frühere Korporalschaft mit Freuden begrüßt hätten.

Ich wurde zum Leib-Grenadier-Regiment 8 geschickt und mußte den Reservistentransport dorthin führen.

Am Tage darauf hatte ich wieder die Uniform an — nun die feldgraue Kriegsmontur. In den wenigen Stunden, die uns blieben, wurden schnell noch die nötigen Einkäufe gemacht.

Auf einem solchen Gange traf ich plötzlich den Obersten von Reuter. Bei meinem Gruß wurde ich von ihm erkannt und begrüßt. Ich durfte ihn begleiten und nochmals wurde Zabern lebendig.

Ich dachte daran, daß ich auch mit dem Regimente, welches Oberst von Reuter jetzt befehligte, hätte ins Feld ziehen können. Auch er sprach davon. Doch was lag an der Regimentsnummer?

Vor der Kaserne des 12. Grenadier-Regiments trennten wir uns. Noch einige Worte, einige Wünsche für die kommende Zeit — — dann ein kurzer militärischer Abschied. Noch heute tönt mir des Obersten letztes Wort in den Ohren:

«Nun wollen wir alles wieder gutmachen!» (Höflich, Affaire Zabern, S. 225f.)

Liebesgaben für Soldaten. Bekanntmachung. Auf Ersuchen der Etappenkommandantur wird wiederholt darauf hingewiesen, daß es streng untersagt ist, durchmarschierenden bzw. durchfahrenden französischen Gefangenen und Verwundeten Liebesgaben zuzustecken. Es muß als durchaus ungehörig und unpatriotisch bezeichnet werden, den Feinden unseres Vaterlandes besondere Aufmerksamkeiten zu erweisen. Alle Militärpersonen und Polizeiorgane sind angewiesen, Zuwiderhandelnde namentlich festzustellen bzw. festzunehmen.

Der Bürgermeister, Großmann.

Aufruf. Aus der Bevölkerung heraus ist angeregt worden, dem Infanterieregiment 99 Liebesgaben aus Zabern zu senden. Es ergeht daher an alle Einwohner von Zabern und Umgebung die Bitte, Liebesgaben für unsere tapferen Soldaten draußen im Felde beizusteuern. Als Liebesgaben sind vor allem erwünscht: Zigarren, Zigaretten, Tabak, Pfeifen, warmes Unterzeug, Hemden, Socken, Pulswärmer, Chokolade, Keks und haltbare Eßwaren (aber nichts, was dem Verderben ausgesetzt ist). Da im Laufe der Woche ein Transport zum Regiment geht, wird gebeten, die Sachen bis Mittwoch Nachmittag hierherzubringen.

Der Bürgermeister, Großmann. (Zaberner Anzeiger, 13./19. September 1914)

" . . . Also, wir ware vier Kamerade, und habn wir den jungen Leutnant ins Auge gefaßt, weiß ich, wie das gekommen ist — er war flott und er hat Succes gehabt bei den jungen Fräuleins in Zabern. Und das konnten Ältere wie wir, also da waren welche von 15, 16 Jahre dabei, die waren schon ein bißchen dagegen, daß der die Zaberner Mädchen so .... Also, der hat ein furchtbares Ding gehabt für die Fräulein. Nicht weit, wo der wohnt, haben wir auch gewohnt. 'Na', hat der eine gesagt, 'die Mädchen, die da unten raufkommen, die gehn sicher zu dem Leutnant herein. Ach ja, da, jetzt wird mal aufgepaßt.' Und richtig, da ist so'n hübsches Fräulein, hatte so'n kleines Körbchen gehabt, hat natürlich seiner Mutter verschwindelt, sie geht den Einkauf machen, und die ist da rein in das Haus, wo der wohnt. Und der wohnt unten, Parterre hat der ein Zimmer und da waren immer die Jalousie-läden zu. Da sag ich: 'Mensch, da wackelt die Wand, da muß was los sein. Da müssen wir mal hin und müssen an den Laden rauf-krapple und reinsehn.' Gesagt und auch getan, also wir sind hin-geschlichen und sind an den Läden hoch, es war hell, da war Licht drin. Ja, das Zimmer war leer, man sieht nichts. Auf der einen Seite, da steht eine spanische Wand und auf einmal kommt das Fräulein hinter dieser spanischen Wand raus als Eva gekleidet. Natürlich einer von uns, der hat noch niemals so was gesehen, der hat 'nen Schrei rausgelassen: 'Ja wirklich nocheinmal!' Hab ich gesagt: 'Seid ruhig, wenn der was gehört hat, kommt er raus.' Und wir sind schon runter, sag ich: 'Ich weiß nicht', und richtig, der kommt raus mit der Reitpeitsche — ja, die Leutnants, die haben alle ne Reitpeitsche —, und der hat aber keinen mehr von uns gekriegt. Der stand oben auf der Treppe und wollte schlagen und hat aber keinen erwischt. Und wir sind fortgelaufen, so 20 Meter. Da sind wir stehengeblieben. Da hat er gesagt: 'Was wollt ihr denn hier mit mir, ihr Wackes, ihr verdammte Wackes', und da haben wir raufgeschrien: 'Komm her, wenn du was willst!' Und dann ist er wieder rein. Jetzt haben wir gedenkt, die Ge-schichte, na is .... Jetzt am anderen Tag — der war zornig — bei der Instruktionsstunde sagt der zu seinen Rekruten: 'Ihr könnt jetzt bald rausgehn, aber nehmt euch in acht, die Zaberner sind alle Wackes.' Und so hat das angefangen und so war die ganze Affäre, die Scheiße war da.

Ja, wir waren 4 Lausejungens, hätten niemals geglaubt, daß das so'ne Affäre gibt, da gings los, und kein Mensch weiß es in Za-bern, kein Mensch. Und kein Mensch kann sich denken, warum

122

hat der Leutnant gesagt, die Zaberner sind Wackes?! — Nur weil wir vier ihn erwischt hatten mit dem Fräulein ... " Paul Obermeyer,
Gespräch im Juli 1982)

Weihnachten im Elsaß. Neues Spielzeug: Lebensechte Puppen nach volkstümlichen Modellen.

No. 51

... 1913 ... Nachsätze. Vor den Zaberner Vorfällen versagt jede gradlinige Erklärung; sie waren unglaublich, sie sollen es auch bleiben. Dennoch einige Bemerkungen, zunächst zum historisch brisanten Rahmen, in dem sie sich abspielten. Seit dem Beginn des 20. Jahrhunderts steigerten sich die großen europäischen Staaten in ein Rüstungsfieber. England, Frankreich, Rußland und Deutschland verstärkten ihre Armeen, ihre Flotten. Die Rüstungskonzerne hatten Hochkonjunktur. Krisen gab es genug: 1905/06 die erste Marokkokrise zwischen Frankreich und Deutschland (die deutsche Schwerindustrie drängte die Regierung, Einfluß auf die marokkanischen Erzgruben zu bekommen); 1908/09 die Bosnische Krise (Österreich annektierte mit Unterstützung Deutschlands Bosnien und Herzogewina gegen die Interessen Rußlands); 1911 die zweite Marokkokrise; 1912/13 schließlich die Balkankriege, in denen Rußland verlorenes Terrain wieder gutzumachen suchte. Jede Krise hätte einen großen Krieg auslösen können, bis er dann «endlich» im August 1914 begann.

Besonders in Deutschland, dessen Industrie und Handel nach dem erfolgreichen Krieg 1870/71 gegen Frankreich eine schwindelerregende Aufholjagd gegenüber der französischen und englischen Konkurrenz starteten und seit ca. 1910 auch die führende Position in Europa einnahmen, besonders in Deutschland ging die ökonomische Expansion einher mit drastischer Aufrüstung und militärischem Übermut. Nach dem ehrgeizigen Flottenprogramm, das den Konflikt mit England unerträglich verschärfte, wurden mit der im Juni 1913 verabschiedeten Heeresvorlage die letzten Vorbereitungen für den Krieg getroffen. Die Mehrzahl der Zeitungen, vaterländische Verbände und Schulmeister rüsteten mit: Deutschland, Deutschland über alles — und in Deutschland ganz oben das Militär.

Daran konnten auch die (damals durchaus rüstungsfeindlichen) Sozialdemokraten nichts ändern, die bei den letzten Wahlen vor dem Krieg immerhin 34,8% der Stimmen und 110 Reichstagsmandate eroberten (sie wurden stärkste Fraktion). Der Reichstag war relativ machtlos; der Kaiser setzte Kanzler und Minister ein, er hatte den Oberbefehl über das Militär. Was nutzten da die flammenden Appelle für internationale Solidarität, gegen den Militarismus; was änderte es, daß Karl Liebknecht im April 1913 die ökonomischen Drahtzieher der Aufrüstungskampagne bloßstellte, Bestechungen nachwies und schließlich erreichte, daß der Reichstag eine Kommission einsetzte — die sich zu keinen Entschlüssen durchringen mochte.

Kriegsgegner wurden energisch verfolgt. Rosa Luxemburg zum Beispiel, die im September 1913 ausrief, daß deutsche Arbeiter nicht auf ihre fran-

124

zösischen Brüder schießen würden, mußte deswegen ins Gefängnis (und hat Unrecht behalten). Innerhalb dieser Kriegstreiberei hat die Zaberner Affäre schon ihre Funktion gehabt — allerdings anders, als es sich z.B. Erich Mühsam erhoffte: in Deutschland ordneten sich die bürgerlichen Parteien nach der ersten Aufregung dem Kurs der Regierung und des Militärs wieder unter, Konservative rückten angesichts des Skandals stärker zusammen, die Kriegspartei formierte sich. Auch in Frankreich genossen nationalistische Parteien nach den Zaberner Ereignissen neuen Auftrieb. Auf beiden Seiten des Rheins erhielt das Bild des «Erzfeindes» die letzten aggressiven Konturen, die für eine Kriegsbereitschaft notwendig waren.

Mittendrin, und doch außerhalb, das Elsaß: Seit dem Ende des 30jährigen Krieges gehörte es zu Frankreich, behielt jedoch — eine ungewöhnliche Konzession des absolutistischen Staates — gewisse Sonderrechte (wie z.B. das Recht auf deutsche Schriftsprache, Zollvorteile im Handel mit Deutschland), die seine Eigenständigkeit bewahrten. Erst gegen Ende des 18. Jahrhunderts wurde die Zugehörigkeit zu Frankreich zum Politikum: auf der einen Seite entwickelte sich mit der französischen Revolution (die ja überhaupt das Nationalbewußtsein der Franzosen erst entstehen ließ) eine stärkere Identifikation mit Frankreich, die durch die späteren Napoleonischen Erfolge noch verstärkt wurde; auf der anderen Seite gab es gerade während der ersten Jahre der Revolution Versuche, auch sprachlich die egalité durchzusetzen, d.h. den Elsässern die deutsche Sprache, ihren Dialekt auszutreiben, und umgekehrt diente dem mit Verspätung entstehenden deutschen Nationalismus gerade die Tatsache, daß im Elsaß deutsch gesprochen wurde, als Legitimation für die Forderung, das Elsaß in einen noch zu gründenden deutschen Nationalstaat einzuverleiben (ein Argument, das auch später, 1870 und 1940, gebraucht wurde).

Erst seit Mitte des 19. Jahrhunderts betrieb die französische Regierung energischer die Integration des Elsaß. In verschiedenen Regulativen wurde französisch zur allgemeinen Unterrichtssprache erklärt (in den Gymnasien war sie's schon seit 1808). Dagegen erhob sich Protest, weniger aus Opposition gegen den französischen Staat, schon gar nicht aus Sympathie für Deutschland, sondern vielmehr, weil diese Regulative als Angriff auf regionale Eigenständigkeit verstanden wurden. Dennoch wurde im Elsaß immer mehr französisch gesprochen, machte die Integration in die französische Gesellschaft Fortschritte. Forciert wurde diese Tendenz durch die Ausdehnung des nationalen Handels und des Kommunikationswesens; immer mehr Beamte kamen auch aus französisch sprechenden Regionen.

Der Sieg der preußisch-deutschen Truppen 1870/71 wurde im Elsaß keineswegs bejubelt. 46 Tage mußte Straßburg belagert und beschossen werden, bis es im September 1870 kapitulierte und dann auf dem Münster die schwarz-weiße preußische Fahne wehte. Der Ruf: «Die Preußen kommen!» ließ Mädchen und Frauen in die Wälder fliehen; Wäsche, Wein, Geld wurden vor den Eroberern vergraben. Gegen die 1871 in Frankfurt besiegelte Annexion Elsaß-Lothringens wuchs energischer Protest. Bei den ersten Reichstagswahlen (die erst 1874 im Elsaß durchgeführt wurden) stellten die «Protestler» sämtliche 15 Mandate. Gegen die Annexion wurde übrigens auch in Deutschland protestiert; Wilhelm Liebknecht und August Bebel, der wenige Monate vor den Zaberner Ereignissen starb, wurden mit anderen deswegen zu Gefängnis verurteilt. Viele Elsässer wanderten über die neue Grenze nach Frankreich aus. Von den ca. 33.500 Wehrpflichtigen, die bei der ersten Musterung erfaßt wurden, erschienen ganze 7.500 in den Kasernen — der Rest war nach Frankreich geflüchtet.

Die Konflikte mit den neuen Herren waren programmiert. Die schon 1870 installierte deutsche Verwaltung stieß mit ihrer hierarchisch-sturen Vorgehensweise auf Widerstand, Unverständnis, machte sich auch lächerlich. Zu lange hatten die demokratischen und liberalen Traditionen Frankreichs gewirkt, als daß sich die Bevölkerung reibungslos auf den neuen Stil hätte einlassen können. Gerade auch das Selbstbewußtsein des reichlich im Elsaß stationierten deutschen Militärs, das sich als Sieger im eroberten Terrain spreizte, produzierte Erbitterung und auch Haß. Dazu kam, daß für das Elsaß eine dirigistische verfassungspolitische Konstruktion erfunden wurde: im Gegensatz zu den anderen deutschen Einzelstaaten erhielt es keinen eigenen Landesherrn, auch keine eigenständige Verfassung, sondern wurde als «Reichsland» zentral von Berlin aus gesteuert. Die Verfassungsreform von 1911 veränderte diesen rigiden Zugriff nur minimal. Elsaß-Lothringen erhielt zwar zwei Parlamente, doch wurden Statthalter der Regierung weiterhin von Berlin aus bestimmt, und der Kaiser behielt ein Vetorecht bei der Gesetzgebung.

Nach 1871 wurde deutsch wieder Amts- und Unterrichtssprache. Viele «Altdeutsche» (d.h. Deutsche, die nach 1871 ins Elsaß kamen) übernahmen wichtige Positionen in Verwaltung, Schulen und Hochschulen. Der wirtschaftliche Aufschwung, an dem auch das Elsaß teilhatte, Verbesserung der Infrastruktur (Häfen, Eisenbahn- und Straßennetz), relative Eigenständigkeit der Gemeinden (Bürgermeister wurden gewählt, mußten allerdings von der Straßburger Regierung bestätigt werden) bewirkten jedoch, daß sich die radikalen Proteste gegen die Annexion legten und stattdessen eher vereinzelte Kritik an bestimmten Maßnahmen der deut-

126

schen Verwaltung laut wurde.

Nach Ausbruch des 1. Weltkrieges wurden Elsässer in deutschen Uniformen gegen den französischen Gegner eingesetzt; die Front verlief so oft mitten durch die Familien, wenn z.B. jemand, der nach Frankreich gegangen war, in die französische Armee eingezogen wurde, seinem Bruder oder Vater gegenüberstand, der im Elsaß geblieben war.

Nach wenigen Tagen «Revolution» (auf dem Straßburger Münster wehte einige Tage die rote Fahne) zogen Ende November 1918 französische Truppen ins Elsaß ein (auf dem Münster nun wieder die Trikolore). Die deutsche Verwaltung wurde abgesetzt, wo sie nicht schon geflohen war, viele «Altdeutsche» mußten mit kleinem Gepäck zurück ins besiegte Deutschland. Kaiserdenkmäler wurden zerstört, Straßen und Geschäfte umbenannt, französisch wurde erneut Amts- und Unterrichtssprache, Kommissionen ermittelten Personen, die zu offen mit den Deutschen zusammengearbeitet hatten. 48 Jahre deutscher Zwischenherrschaft gingen zu Ende.

Der Vertrag von Versailles 1919 sprach Elsaß-Lothringen wieder Frankreich zu. In Deutschland beinhaltete der Protest rechter Gruppierungen gegen den «Schandvertrag» auch die Forderung nach der «Heimkehr des Elsaß ins Reich». Im Sommer 1940 war es so weit, die faschistische Wehrmacht besetzte den Osten Frankreichs, über dem Münster wehte die Hakenkreuzfahne, wieder wurden Straßen umbenannt, wurde deutsch zur Amtssprache. Viele Elsässer arrangierten sich mit der neuen Herrschaft, deren Sieg unausweichlich schien — bis November 1944 die Amerikaner den Rhein erreichten und für einen neuen Anfang sorgten — unter französischem Vorzeichen.

Innerhalb dieser bewegten Geschichte finden wir auch die Akteure der «Affäre Zabern». Leutnant von Forstner ist 1915 im Krieg gefallen, im selben Jahr und auf der gleichen Seite wie Erich Wiebicke, der die Postkarten gegen Forstner verlegt hatte. Sergeant Höflich überlebte den Krieg, von Leutnant Schadt und Oberst von Reuter wissen wir nichts. Ihr Vorgesetzter, der General von Deimling, wurde noch während des Krieges in den Ruhestand versetzt, machte auffällige Veränderungen durch, engagierte sich während der Weimarer Republik als Pazifist für die Republik, überwarf sich mit all seinen ehemaligen Freunden, erhielt sogar Morddrohungen, weil er die These von der «Dolchstoßlegende» und vom «Schandfrieden» öffentlich kritisierte. Er starb 1944, ein Jahr vor Hermann Wiebicke, der nach dem Ende des 1. Weltkriegs als Deutscher aus Zabern ausgewiesen wurde, später in Karlsruhe als Journalist arbeitete. Seine Tochter, die heute in derselben Straße wohnt, wie damals Leutnant von Forstner, hat ihn Jahre nach seinem Tod nach Zabern überführen las-

sen. Robert Weil, der 1913 heimlich Photos schoß, wurde 1944 in Grenoble bei einer Razzia der SS verhaftet und als Jude in ein KZ transportiert — er wurde dort umgebracht, ebenso wie Erich Mühsam (und auch Carl von Ossietzky starb 1938 an den Folgen seiner KZ-Haft). René Schickele, der um die Jahrhundertwende aufs Zaberner Gymnasium ging, war bis 1913 Redakteur der «Straßburger Neuen Zeitung», lebte dann längere Zeit in Berlin und Badenweiler, mußte 1933 emigrieren und starb 1940 — als Elsässer im französischen Exil — in Südfrankreich. Paul Obermeyer, der als Junge den Leutnant v. Forstner ärgerte, wurde noch 1918 eingezogen, kam als Werksoldat auf eine Bremer Werft, machte dort die Novemberrevolution mit, kam mit einem Zug revolutionärer Marinesoldaten zurück ins Elsaß, schloß sich 1940 der Resistance an und wohnt jetzt allein in einem alten Haus in der Nähe Zaberns (das heute Saverne heißt). Bürgermeister Knoeppfler, der die große Affäre mehr im Bett erlebte, wurde 1914 kurz vor Kriegsbeginn als Bürgermeister wiedergewählt, aber von der deutschen Verwaltung nicht bestätigt. Nach dem Wiedereinzug der Franzosen war er die Zeit bis zu seinem baldigen Tod wieder im Amt. Das 99. Infanterieregiment hatte schon gleich zu Beginn des Krieges in Saarburg, unweit von Zabern, schwere Verluste; seine Fahnen, die einst Sergeant Höflich und Leutnant v. Forstner durch die Straßen trugen, sind in einem Kriegsmuseum in Paris zu besichtigen. Auch Zabern wurde von der Geschichte verfolgt. Während des 1. Weltkrieges wurden hier Verwundete untergebracht, Kriegsküchen und Kriegerheime eingerichtet. Noch im Oktober 1918 rief der Gemeinderat zur Zeichnung von Kriegsanleihen auf. Für einige Tage existierte sogar ein Soldatenrat: «Am Sonntag Nachmittag 2 Uhr hat sich hier analog dem Vorgehen in allen Städten Deutschlands auf dem Schloßplatz ein Soldatenrat gebildet, der die gesamte zivile und militärische Gewalt an sich genommen hat. Das Bürgermeisteramt hat sich ihm untergeordnet. Die Ruhe und Ordnung ist nicht gestört worden.» (Zaberner Wochenblatt, 12. November 1918)
Nach dem Abmarsch der deutschen und dem Einmarsch der französischen Truppen wurden schnell die Blechschilder mit den deutschen Straßennamen entfernt — und darunter kamen wieder die älteren französischen hervor. Auch die Trikolore, die zur Feier des französischen Sieges angebracht schien, wurde ohne großen Aufwand produziert:

" . . . Wir hatten einen Färber, der war schon lang in Zabern. Und dann im Oktober 18 kamen alle Leute mit Leintüchern und wollten die blau gefärbt haben. Und da hat der gesagt: 'Ja, ich weiß

gar nicht, was die Leute wolln, die wollen's alle blau gefärbt haben.' Ja, denn die elsässische Fahne war rot und weiß, wenn man ein Stück blau dranhängt, dann kriegt man ne französische Fahne. Und die Sache war ja so, daß selbst alle Deutschen, so der Apotheker, der hier gewesen war, ein älterer Herr, der war so ergriffen von der Sache, daß er die Fahne rausgehängt hat ... "
(Joseph D. Heyl, im Juli 1982)

Die «Altdeutschen» verließen die Stadt, Beamte und Lehrer wurden durch Franzosen ersetzt.
Nach der Okkupation 1940 hieß die Hauptstraße «Adolf-Hitler-Straße», ständig gab es Aufmärsche der HJ und anderer Organisationen, wurde wie überall auch ständig gesammelt, so daß sich die Leute kaum noch auf die Straßen trauten.
«Als Höhepunkt des Jahresablaufs war wohl der Kreistag in Zabern am 18. und 19. Oktober zu verzeichnen, der einen schönen Verlauf genommen hat. In einer Großkundgebung auf dem Hermann-Göring-Platz sprach der Reichsredner Prinz August Wilhelm zur elsässischen Bevölkerung. Seine Worte: ‹Wenn ich als Sohn des Kaisers und als Vertreter einer ganz anderen Geistesrichtung mich dem einfachen Gefreiten des Weltkriegs unterstelle, so kann man das von euch Elsässern auch verlangen›, haben begeisterte Aufnahme gefunden.» (Straßburger Neueste Nachrichten, Kreisausgabe Zabern, 1. Januar 1942)
Am 15. 11. 1940 wurde in Zabern noch ein Volkssturm mobilisiert; im Kino spielte «Großstadtmelodien» mit Hilde Krahl und Werner Hinz. Über diese Zeit ist wenig zu erfahren. Das ist so wie in deutschen Kleinstädten auch: man kennt sich, begegnet sich täglich, redet besser nicht drüber. Nur auf dem Friedhof erinnern Grabinschriften wie «Tombe en Russie — Mort pour la France — 1943/44» an diese Zeit.

" ... Und da hab ich 1918 gesagt, als ich mitten auf der Rheinbrücke gestanden hab, hab mich umgedreht: 'Dort drüben hab ich nichts verloren und ich werde auch niemals mehr was suchen da drüben. Ich geh niemals mehr über die Brücke', und ich habs in meinem Leben standgehalten, und ich war 40-44 in der französischen Armee, ich kam bis ins Elsaß da oben ran, und da hab ich zu meinem Hauptmann gesagt: 'Jetzt gehts bald über den Rhein, da kann ich nicht drüber, ich darf nicht, ich hab's geschworen', und da hat er gesagt: 'Na, das machen wir halt, wenn du geschworen

hast, du gehst nicht über die Rheinbrücke, können wir dich nicht zwingen.' Und da bin ich zurück, und dann war der Krieg fertig ..."
(Paul Obermeyer, im Juli 1982)

Und Saverne heute? Die Stätten des Spektakels stehen noch. Im «Carpe d'Or» (Goldener Karpfen) wird reichlich Bier getrunken und elsässisch gesprochen (in den besseren Lokalen hört man eher französisch). Die Hauptstraße hat für ihren schönsten Teil die obligatorische Fußgängerzone erhalten. Im Schloß sind jetzt eine Jugendherberge, das Museum mit dem Stadtarchiv und vor allem das Finanzamt untergebracht. Auf dem Schloßplatz ist donnerstags und samstags Markt, u.a. mit Kassettenständen, die unüberhörbar deutsche Marschmusik spielen und verkaufen. An den übrigen Tagen dient er als Parkplatz, auch für die sanft gefederten Reisebusse aus Deutschland. Saverne ist Partnerstadt von Donaueschingen, der Stadt, von der aus der Kaiser 1913 den Befehl zum Auszug der 99er gab. Im Museum werden alte Stiche vom Schloß, Bildnisse von Fürsten und Bischöfen gezeigt. Die Leute sind freundlich. Vom berühmtesten Vorfall in ihrer Stadt haben die wenigsten gehört.
Wir danken Germaine Wiebicke, Joseph D. Heyl und Paul Obermeier für ihre Offenheit, Pierre Vonau für seine Hilfe. Wir widmen dieses Buch den Zaberner Kindern und dem inneren Unfrieden.
R. N., im August 1982

Zaberner Kinder 1914. Ein planmäßiges Schimpfen und Lächerlichmachen der Truppe, ein planmäßiges Diskreditieren in den Augen seiner Untergebenen, ist einer der gefährlichsten Angriffe, und ehe der einwandfreie Beweis eines planmäßig organisierten Handelns einer militärfeindlichen Macht erbracht ist, kann unberechenbarer Schaden gestiftet sein. Der einzig wirksame Schutz bleibt hier eben die Selbsthilfe des Militärs, und zu dieser Selbsthilfe muß das Militär berechtigt sein. (Neue Preußische Zeitung, 1913)